Constanze Kleis
Sonntag!

CONSTANZE KLEIS

SONNTAG!

Alles über den Tag,
der aus der Reihe tanzt

PIPER

Mehr über unsere Autoren und Bücher:
www.piper.de

Von Constanze Kleis liegen im Piper Verlag vor:
Gebrauchsanweisung für Frankfurt am Main
Gebrauchsanweisung für Weihnachten
Sonntag!

MIX
Papier aus verantwor-
tungsvollen Quellen
FSC® C014496

ISBN 978-3-492-05946-6
© Piper Verlag GmbH, München 2019
Satz: Fotosatz Amann, Memmingen
Gesetzt aus der Adobe Garamond Pro
Litho: Lorenz & Zeller, Inning am Ammersee
Druck und Bindung: GGP Media GmbH, Pößneck
Printed in Germany

*» Wenn es keine Sonntage gäbe,
wofür würden wir dann leben?«*
Margaretha Ferguson

Inhalt

Vorwort – Einer wie keiner

Die wenigsten Menschen können sich an Montage erinnern oder an Donnerstage, nur weil sie Montage oder Donnerstage waren. Aber alle wissen noch, wie die Sonntage aussahen. Dass man endlich einmal ausschlafen konnte, den Gottesdienst besuchte, Vater den *Presseclub* schaute und später ein großes Essen auf dem Tisch stand. Wie man als Kind fein gemacht wurde für den Sonntagsspaziergang, also in Klamotten gesteckt, die einem jegliche Aktivität außer Geradeauslaufen übel nahmen – und dass es nachmittags wenigstens *Bonanza* gab. Sonntag, das war und ist, als hätten wir alle dieselbe Kindheit verbracht und als teilten wir viel mehr als bloß denselben Planeten, nämlich auch dieselben Erlebnisse und Erinnerungen. Obwohl wir an keinem anderen Tag so frei sind, folgen wir in erstaunlicher Eintracht einer über Generationen einstudierten Sonntagschoreografie. Sie ist gemacht aus all den Ritualen, Traditionen und Kulturleistungen, die sich aus der mehr als tausendjährigen Geschichte dieses besonderen Tages als wertvoll, schön, nützlich, beglückend und bereichernd herausgewaschen haben wie das Gold aus dem Flussbett des Klondike. Die Sonntagszeitung, der Sonntagsbraten, der *Tatort,* der Sonntagsausflug und der Sonntagsstaat gehören dazu. Nicht zu vergessen all die Zeit für die Familie, das Frühstück im Bett,

9

der Fußball und das Strandbad. Alles »Sonntagskinder«, denen man nicht umsonst nachsagt, unter einem Glücksstern geboren zu sein.

Der freie Sonntag genießt nicht nur hohes Ansehen, sondern auch einen besonderen Schutz. 1919 wurde er als Tag, an dem fast alle Räder stillstehen sollten, in die Weimarer Verfassung aufgenommen. Dreißig Jahre später erhielt er auch in der frischgebackenen BRD als einziger Tag den Rang eines Grundrechts. Und einen Auftrag: der »seelischen Erhebung« zu dienen. Wenigstens ein Mal pro Woche sollen wir also zu etwas kommen, zu dem wir sonst kaum noch Zugang finden: zu uns selbst und unseren Bedürfnissen. Diese Hausaufgabe ist eigentlich herrlich einfach zu erledigen: aussteigen aus dem Hamsterrad, einmal nicht zur Verfügung stehen. Herausfinden, wer wir noch sein könnten außer Buchhalter, Pilot, Verkäuferin, Kanzlerin. Das summiert sich in nur sieben Jahren auf ein ganzes freies Jahr. Und zwar im Kollektiv. Denn der Witz am Sonntag ist ja, dass – fast – alle freihaben und damit Planungssicherheit für Gemeinsamkeiten. Ohne den Sonntag kein Familien- und Vereinsleben, keine Beziehungspflege, keine Bundesliga und auch nicht die geringste Chance, sich einmal in aller Ruhe frei nach Pablo Picasso den Staub der Woche aus dem Gemüt zu klopfen. Am Sonntag ist alles möglich. Auch dass man ausgerechnet diesen so grundguten und großherzigen Tag am liebsten auf Alltagsformat stutzen würde. Die Geschichte des zähen Kampfs um den freien Sonntag ist so alt ist wie der Sonntag selbst. Immer schon wurde mit Argwohn betrachtet, dass der Sonntagsmensch einmal nicht zur Verfügung steht. Nicht für die Verwertbarkeit, nicht dem

Konsum. Bei aller bleiernen und auch aggressiven Spießigkeit, die dem Tag nachhängt, weiß man ja am Sonntag nie. Er ist dank der zahlreichen Rituale zwar einerseits berechenbar, aber auch gleichzeitig unkalkulierbar, gemütlich und anarchisch, großartig und kleingeistig. Kein anderer Tag bietet uns so viele Möglichkeiten, glücklich zu sein, aber auch so viele Gelegenheiten zur Traurigkeit. Auch die braucht man bisweilen. Ebenso wie die Langeweile und den Sonntagsblues. Was immer wir in uns finden, wenn wir einmal das Alltagsgetöse auf Zimmerlautstärke stellen.

Ja, der Sonntag gehört dringend verteidigt und ein für alle Mal unter Artenschutz gestellt. Und das gelingt am besten, wenn man ihn besser kennenlernt und versteht, was genau mit diesem Tag verschwinden würde, sollten wir darauf verzichten müssen. Vielleicht sogar der ganze Planet. Vermessen? Nicht wenn man weiß, dass der Sonntag die heute vielleicht letzten Rettungsringe »Nachhaltigkeit«, »Verantwortung« und »Verbindlichkeit« schon bevorratete, als man noch glaubte, ganz ohne auskommen zu können. Deshalb dieses Buch. Es wird die Bekanntschaft und damit hoffentlich auch die Beziehung zu diesem außerordentlichen Tag vertiefen und ihn als ein Phänomen würdigen, dem wir unendlich viel mehr verdanken als bloß ein paar freie Stunden für die Gartenarbeit und die *Lindenstraße*. Es wird sich mit den Werkseinstellungen dieses besonderen Tags beschäftigen, mit all den Zusatzfeatures, mit denen ihn die letzten Jahrhunderte ausgestattet haben. Aber auch mit seinen nächsten Verwandten, dem Samstag und dem Montag. Am Ende werden Sie hoffentlich derselben Ansicht sein wie ich:

dass wir nicht weniger, sondern unbedingt mehr Sonntag in unserem Leben brauchen und mehr von dem, wofür er steht. Die Frage sollte deshalb nicht lauten: Können wir uns den Sonntag noch leisten?, sondern vielmehr: Können wir uns leisten, ihn aufzugeben? Ich glaube: Nicht einmal ein winziges bisschen. Es ist ja nicht so, dass es nicht versucht wurde. Und auch wenn es gerade mal wieder nicht sehr populär ist, aus der Geschichte zu lernen, wird hier auch ausreichend Anschauungsmaterial dafür geliefert, wie es nachweislich schon einige Male ganz und gar nicht gut ging, wenn man glaubte, ohne Sonntage auskommen zu können. Nachdem ich den Sonntag nun vermutlich besser kenne als er sich selbst, bin ich ganz sicher, dass die einzig wirklich wichtige Sonntagsfrage die ist, die in der niederländischen Novelle *Zondag en maandag* von Margaretha Ferguson gestellt wird: »Wenn es keine Sonntage gäbe, wofür würden wir dann leben?« Ich hoffe, Sie werden auf den folgenden Seiten keine einzige plausible Antwort darauf finden.

1 Ein Geschenk des Himmels

Es ist das dritte Gebot. Gleich nach »Du sollst keine anderen Götter haben neben mir« und »Du sollst den Namen des Herrn, deines Gottes, nicht missbrauchen«. Und noch vor »Du sollst deinen Vater und deine Mutter ehren«. Als Kind habe ich mich immer gefragt, ob Moses wohl lange mit Gott diskutiert hat, damals auf dem Berg Sinai. Etwa über die Reihenfolge. Warum ihm zum Beispiel »Du sollst nicht töten« nicht so wichtig war wie »Du sollst den Tag des Herrn heiligen«. Ich fragte mich, wieso man überhaupt den Feiertag noch eigens erwähnen musste, während mir »Du sollst nicht ehebrechen« durchaus einleuchtete. Das konnte man offenbar – wie regelmäßig in den bunten Blättern zu lesen war, die meine Großmutter so mochte – gar nicht oft genug wiederholen. Der Sonntag dagegen schien mir so wenig verhandelbar wie der tägliche Sonnenaufgang. Eine Selbstverständlichkeit. Ganz anders als »Du sollst nicht falsch gegen deinen Nächsten aussagen«. Im öden Kindergottesdienst hatte ich ausreichend Gelegenheit, mir über so etwas Gedanken zu machen. Auch darüber, ob es nicht einen besseren Platz als die Kirche gäbe, einen lang ersehnten schulfreien Tag zu verbringen. Einerseits. Andererseits schien es nur fair, Gott für all das zu danken, was er geschaffen hat: die Landschaften, die Elemente, die Kreaturen, auch Tag und Nacht, die Menschen sowieso, und natürlich den Sonntag. Diese Wurzel aller Kultur, wenn man mal annimmt, dass es Muße, Zeit und Gelegenheit sind, denen wir sämtliche kulturellen Errungenschaften verdanken. Aber nein, das dachte ich damals nicht wirklich. Ich war neun oder zehn Jahre alt und nahm einfach an, was die meisten mir bekannten Menschen heute noch annehmen: dass es sich beim Sonntag um diesen legendären siebten Tag handelt, an dem Gott mit allem fertig war. Dass wir eben tun, was unsere Vorfahren seit Jahrtausenden tun: die großartige Idee der wöchentlichen Pausentaste feiern, von deren Ursprüngen es im ersten Buch Mose heißt: »So wurden vollendet Himmel und Erde mit ihrem ganzen Heer. Und so vollendete Gott am siebenten Tage seine Werke, die er machte, und ruhte am siebenten Tage von allen seinen Werken, die er gemacht hatte. Und Gott segnete den siebenten Tag und heiligte ihn, weil er an ihm ruhte von allen seinen Werken, die Gott geschaffen und gemacht hatte.«

Der Tag des Herrn

Wie die Zahnfee oder die Behauptung, man lerne das Gerundium nicht nur für die Schule, sondern es könnte irgendwie auch fürs Leben nützlich sein, entpuppten sich später allerdings so ziemlich all meine Sonntagsannahmen als bloße Gerüchte. Erstens: Der Sonntag war keinesfalls schon immer da. Zweitens: Nicht die Kirche hat ihn erfunden. Drittens: Der erste in der Bibel erwähnte Sonntag war ein Samstag. Im biblischen Buch Exodus heißt es nämlich noch: »Gedenke des Sabbattages, dass du ihn heiligst. Sechs Tage sollst du arbeiten und alle deine Werke tun. Aber am siebenten Tage ist der Sabbat des Herrn, deines Gottes. Da sollst du keine Arbeit tun, auch nicht dein Sohn, deine Tochter, dein Knecht, deine Magd, dein Vieh, auch nicht dein Fremdling, der in deiner Stadt lebt. Denn in sechs Tagen hat der Herr Himmel und Erde gemacht und das Meer und alles, was darinnen ist, und ruhte am siebenten Tage. Darum segnete der Herr den Sabbattag und heiligte ihn.« Das hebräische Wort »schabat« bedeutet »aufhören«, und zwar mit allem. Der »regelmäßige Streik gegen alle Arbeitszwänge«, wie der berühmte Alttestamentler Hans Walter Wolff formulierte, wurde im jüdischen Glauben als eine heilsame Unterbrechung des Alltäglichen, der Anstrengungen und der Gewohnheiten betrachtet und gleichzeitig als Erinnerung, dass Arbeit nicht alles sein sollte. Gott zu gedenken und ihm zu danken war die einzig zulässige Aktivität an diesem Tag. Für die frühen Christen hätte dieser heilige Samstag durchaus auch eine Option sein können, zumal er ja längst eingeführt war und man ihn einfach hätte mitbenutzen können: ein Feiertag für beide Religionen. Aber es war nun mal angeblich ein Sonntag gewesen, an dem das leere Grab des »Herrn« Jesu entdeckt worden war und er auferstanden sein soll. »Herrentag« wurde der Sonntag deshalb auch genannt, eine Bezeichnung, die in den romanischen Sprachen überlebt hat. Im französischen »dimanche«, italienischen »domenica«, im spanischen und portugiesischen »domingo« und im rumänischen »duminica«. Außerdem, so verargumentierten die Christen den Produktvorteil des Sonntags gegenüber dem Samstag, feierte man mit diesem ersten Tag der Woche auch den ersten Tag der Schöpfung, an dem der Herr Himmel und Erde gemacht hatte und es Licht wurde. So, wie Justin der Märtyrer im 2. Jahrhundert schrieb: »Am Sonntage aber halten wir alle gemeinsam die Zusammenkunft, weil er der erste Tag ist, an welchem Gott durch Umwandlung der Finsternis und des Urstoffes die Welt schuf.«

Die ersten Christen, eigentlich Juden, die sich zum Glauben an Christus bekannten, begingen nun zuerst den Sabbat und feierten nach Sonnenuntergang – dem offiziellen Beginn des Sonntags – die Eucharistie. Bald wurde das Ritual ganz auf Sonntagmorgen verlegt. Unter konspirativen Bedingungen traf man sich dafür vor seinem Tagwerk in privaten Haushalten. Man sah es nicht als wesentlich an, sich einen ganzen Tag frei und »heilig« zu halten, und keinen Widerspruch darin, dem Herrn zu huldigen, zu dienen und trotzdem seinen Geschäften nachzugehen. Arbeit wurde ohnehin als eine göttliche Pflicht verstanden. Außerdem blieb es eine sehr lange Weile durchaus opportun, keine so öffentliche Sache aus dem neuen Glauben zu machen. Schon im 1. und 2. Jahrhundert waren Christen nicht gut behandelt worden. Aber im 3. Jahrhundert nahm die Verfolgung im gesamten Römischen Reich schließlich so brutal-blutrünstige Formen an, wie man sie aus dem Filmklassiker *Quo vadis* kennt. Römische Bürger, die sich zum Christentum bekannten, wurden enthauptet, in einigen Fällen gekreuzigt oder in der Arena von wilden Tieren zerrissen. Die Abschreckung war so hochkarätig wie nutzlos. Der christliche Glaube breitete sich immer weiter aus und mit ihm das Sonntagsritual. Die Umstände mögen bisweilen sehr provisorisch gewesen sein, doch das Regelwerk war es nicht. Nicht mal ein Schrebergartenverein setzt heutzutage so viele Gebote fest, wie sie die Christen schon früh für sich formulierten. Begleitet von heftigen Diskussionen darüber, wer wann welches Gebet zu sprechen habe, wie die Lobpreisung erfolgt, wie die Lesung und die Predigt. Oder welche Substanzen und Dinge bei einer Taufe Verwendung finden sollten. Auf eine Leitlinie einigte man sich wohl ziemlich rasch und vermutlich leidlich einstimmig: dass der Tag des Herrn ein Tag der Freude sei, ein Festtag, an dem man keinesfalls fasten, sondern aus dem Vollen schöpfen wollte, einer, der mitten im Leben stattfinden sollte.

Was die Anziehungskraft des christlichen Glaubens und damit auch die Atmosphäre am »Tag des Herrn« sonst noch ausgemacht haben könnte, wird in einer frühen apologetischen Schrift, die vermutlich aus der Zeit um 160 n. Chr. stammt, beschrieben. Ein unbekannter Mann schildert hier einem anderen namens Diognet das für ihn Bemerkenswerte an den Christen: »Sie lieben alle Menschen, und doch werden sie von allen verfolgt. Man kennt sie nicht, und doch verurteilt man sie. Sie werden getötet, aber wieder lebendig gemacht. Sie sind arm, machen aber viele reich. Sie leiden Mangel an allem und haben Überfluss in allem. Sie werden geschmäht und in der Schmähung verherrlicht. Sie werden gelästert, aber gerechtfertigt. Sie werden beschimpft, doch sie segnen. Sie werden verachtet, doch sie erweisen Ehre ...« Ob es die verlockende Aussicht war, »wieder lebendig gemacht« zu werden? Jedenfalls gelang es dem Christentum in kürzester Zeit, eine Fanbase aufzubauen, für die selbst Megastars wie Beyoncé heute sämtliche sozialen Medien mobilisieren müsste. Und das trotz dieses Beipackzettels, auf dem im Prinzip stand: »Man wird dich hassen, dich verfolgen, dich und deine Familie mit Folter und Tod bedrohen, und selbstverständlich wirst du in dieser Gesellschaft kein Bein mehr auf den Boden bekommen.«

Nach der Devise »Was sich nicht verbieten lässt, muss man eben großmütig erlauben« veröffentlichte Kaiser Galerius, obwohl selbst lange einer der schlimmsten Christenverfolger, im Jahr 311 das »Toleranzedikt von Nikomedia«. Es macht das Christentum zur »religio licita«, zur erlaubten Religion. Christen waren nun Zusammenkünfte erlaubt, soweit sie die öffentliche Ordnung nicht störten. Vermutlich hatte der Kaiser Sorge, die Sache mit dem Jenseits, dem Paradies und der Hölle könnte doch nicht so abwegig sein. Er soll unter einer »pestartigen« Krankheit gelitten haben und verfügte das Edikt auf dem Sterbebett. Ob Gott mit sich handeln ließ, wird er bald erfahren haben. Die Chancen dürften nicht sonderlich hoch gewesen sein, so ganz ohne die wichtigste Zutat für echte Buße: Schuldbewusstsein. Das Einzige, das Galerius bedauerte, war, dass die Hetzjagd auf die Christen nicht den gewünschten Erfolg gebracht hatte. Er starb nur fünf Tage, nachdem er den Erlass diktiert hatte. Zwei Jahre später, im Jahr 313, wurden durch die Mailänder Vereinbarung die Christen erstmals gewissermaßen gesetzlich anerkannt. Die Kirche erhielt nun unter anderem auch staatliche Gelder. Darüber hinaus genoss der Bischof jetzt einige staatlich wirksame Prozessrechte. Innerhalb weniger Jahrzehnte erlebte der christliche Glaube einen ungeahnten Aufschwung, bis er und das Judentum am Ende einzige offizielle Staatsreligionen waren.

Diese Karriere wäre am Sonntag vermutlich ziemlich spurlos vorbeigegangen, hätte nicht Kaiser Konstantin am 7. März 321 ein Edikt erlassen, das den Sonntag für das gesamte Römische Reich zum Ruhetag erklärt. Für alle »Richter und die Menschen in den Städten«. Auch sollten »alle Werkstätten geschlossen bleiben«. Lediglich der Landbevölkerung wurde offiziell zugestanden, weiter ihrer Arbeit nachzugehen, »denn häufig ist für das Aussäen von Getreide oder das Pflanzen von Weinstöcken ein anderer Tag nicht geeignet. Und wenn man für solche Verrichtungen nicht den richtigen Zeitpunkt einhält, geht der vom Himmel geschenkte Überfluss verloren.« Davon, dass der Tag frei war, damit man die Messe besuchen konnte, ist zwar nirgendwo die Rede, und manche Stimmen behaupten, Konstantin habe mit dem freien Sonntag vor allem seinen Gott, den der unbesiegten Sonne, »Sol Invictus« ehren wollen. Doch wie ein Helmut Kohl einmal sagte: Wichtig ist, was hinten rauskommt. Und das war die Idee eines Ruhetags, um den Herrn zu heiligen oder einfach mal freizuhaben. Die offizielle Pausenregelung galt ja für alle und mit ihr die Freiheit, wenigstens an einem Tag pro Woche allein über seine Zeit verfügen zu dürfen.

Ein großer Tyrann

So schön die Vorstellung war, einen ganzen Tag die Hände in den Schoß zu legen, die meisten konnten sich solchen Luxus nicht leisten. Meistens reichte die arbeitsfreie Zeit höchstens für den Besuch des Gottesdiensts, bevor man wieder auf das Feld ging, in den Viehstall, in die Werkstatt. Mehr als ein Jahrtausend später legte auch die Reformation wenig wert auf einen ganzen Ruhetag. Für sie war es erklärtermaßen ohnehin nachrangig, ob am Sonntag gearbeitet wird. Hauptsache, man besuchte den Gottesdienst, feierte das Sakrament, hörte die Predigt, die zum ersten Mal nicht in Latein, sondern in Volkssprache vorgetragen wurde. »Alles, was darüber hinausging, war suspekt, insbesondere alles, was geeignet war, die Vorstellung zu wecken, der Sonntag gehöre zu den ›guten Werken‹, durch die der Gläubige sich das Heil sichern könne, und sei es das ›Werk‹ des Nichtstuns.« Obwohl ein Gegner des strikten Nichtstuns aus religiösen Gründen, plädierte Martin Luther dennoch für den Ruhetag als hoch verdiente und willkommene Verschnaufpause für all diejenigen, die sonst hätten ununterbrochen arbeiten müssen. Und als Ausgleich für all die kirchlichen Feiertage der Katholiken, die man während der Reformation abgeschafft hatte. Eine weitere Etappe in der über Jahrhunderte währenden Diskussion darüber, wie viel Sabbat im Sonntag stecken sollte. Wie umfänglich man die Gläubigen am ersten Tag der Woche zu Tatenlosigkeit verdonnert.

Besonders heftig wurde sie im puritanischen England geführt. Mit dem Ergebnis, dass dort immer mehr und immer strengere Vorschriften erlassen wurden, was am Sonntag zu vermeiden sei: Praktisch jede Form von Amüsement. Sogar Spaziergänge und Bootsfahrten. Bald hieß es, wie Theodor Fontane festhielt, »die großen Tyrannen sind ausgestorben; nur in England lebt noch einer – der Sonntag«. Der berüchtigte »englische Sonntag« verbreitete sich wie Grippe bis in die britischen Kolonien. Wer nun in Neuengland am Sonntag beim Arbeiten erwischt wurde, etwa beim Pflügen oder Wäscheaufhängen, konnte zu Bußgeldern verurteilt werden. So kam man am Sonntag zwar zu sehr viel freier Zeit, allerdings nicht für Mußestunden, sondern für die Gottesdienste. Mancher hätte vermutlich sehr viel lieber gepflügt, die Scheune neu gestrichen oder sogar die Latrinen gereinigt, als an diesen Veranstaltungen von Länge (und Unterhaltungswert) einer Wagneroper teilzunehmen. Immerhin gab es eine Mittagspause, und für den Fall, dass jemand einnickte, ging der »Tithingman« durch die Reihen und schubste die erschöpften Gläubigen wieder wach. Mit einem langen Stock, um auch die in der Mitte zu erwischen. Für die Kinder, die selbstverständlich dabei waren, führte man Anfang des 19. Jahrhunderts Sonntagsschulen ein. Sie sollten der religiösen Erziehung dienen, aber es wurde genauso an der Alphabetisierung gearbeitet. Schließlich musste man lesen können, um die Bibel zu studieren. Auch wenn kirchliche Schriften oft die einzige Lektüre blieben, leisteten die Sonntagsschulen wichtige Beiträge zur Horizonterweiterung. Ähnliche Einrichtungen gab es in England und bald auch in Deutschland. Bildung, Erbauung und Sonntag bildeten nun eine stabile Assoziationskette.

Mit der Industrialisierung wurde allerdings auch für das bisschen Abstand zum Alltag die Zeit zu knapp. Die Produktivität hatte Vorrang vor allem, auch vor dem Sonntag. Die Maschinen gaben den Takt an. Sie verbilligten die Arbeitskraft und verteuerten die Pausen, für die man sie hätte abschalten müssen. Die Woche wurde nun durchgearbeitet. Nicht selten vierzehn, sechzehn Stunden am Tag, in der Textilindustrie sogar bis zu achtzehn Stunden. Sonntags flanierte lediglich der Mittelstand entspannt durch das Feiertagsprogramm: durch Gottesdienst, Sonntagsbraten, Sonntagsspaziergang und Kaffeeklatsch. Für Menschen, die nichts weiter besaßen als ihre Arbeitskraft, ging es hingegen auch am Wochenende ums nackte Überleben in bitterster Armut, mangelernährt und unter katastrophalen hygienischen Verhältnissen. Unerbittlich lehnte Reichskanzler Otto von Bismarck, evangelisch und konservativ, die Forderung der Arbeiterbewegung und der Gewerkschaften nach einem freien Sonntag mit der Begründung ab, die deutsche Wirtschaft könne sich eine Verkürzung der Arbeitszeit ebenso wenig erlauben wie die Festlegung von Mindestlöhnen. Und überhaupt wüssten die Arbeiter ja ohnehin nichts Sinnvolles mit so viel freier Zeit anzufangen. Anders als Bismarck, der sich nicht nur in seiner Freizeit einen soliden Ruf als Schwerenöter, Säufer und Spieler erwarb. Immerhin führte er 1883 die Krankenversicherung für Arbeiter ein, 1884 das Unfallversicherungsgesetz, und schließlich erließ der Deutsche Reichstag 1889 auch das Gesetz über die Alters- und Invalidenversicherung. Nach Bismarcks Entlassung 1890 regulierte Kaiser Wilhelm II. weitere Arbeitsschutzmaßnahmen: Beschränkung der Kinderarbeit, eine maximale Arbeitszeit von elf Stunden pro Tag und eine allgemeine Sonntagsruhe. Die wurde nach dem Ersten Weltkrieg schließlich amtlich: In Artikel 139 der Weimarer Verfassung von 1919 wird der Sonntag erstmals zu einem Grundrecht erklärt und festgeschrieben: »Der Sonntag und die staatlich anerkannten Feiertage bleiben als Tage der Arbeitsruhe und der seelischen Erhebung gesetzlich geschützt.«

Der seelischen Erhebung

Mit demselben Wortlaut legte man dreißig Jahre später den Sonntag in Artikel 140 des Grundgesetzes der jungen Bundesrepublik Deutschland auf einen bestimmten Gebrauch fest, allerdings nicht zwingend auf einen religiösen. In direkter Nachbarschaft wird nämlich auch bestimmt: »Es besteht keine Staatskirche.« Und es gibt Ausnahmen, die das Arbeitszeitgesetz regelt. Sie gelten für Arbeitnehmer in folgenden Situationen, Diensten und Örtlichkeiten:

1. in Not- und Rettungsdiensten sowie bei der Feuerwehr,
2. zur Aufrechterhaltung der öffentlichen Sicherheit und Ordnung sowie der Funktionsfähigkeit von Gerichten und Behörden und für Zwecke der Verteidigung,
3. in Krankenhäusern und anderen Einrichtungen zur Behandlung, Pflege und Betreuung von Personen,
4. in Gaststätten und anderen Einrichtungen zur Bewirtung und Beherbergung sowie im Haushalt,

5. bei Musikaufführungen, Theatervorstellungen, Film-vorführungen, Schaustellungen, Darbietungen und anderen ähnlichen Veranstaltungen,

6. bei nichtgewerblichen Aktionen und Veranstaltungen der Kirchen, Religionsgesellschaften, Verbände, Vereine, Parteien und anderer ähnlicher Vereinigungen,

7. beim Sport und in Freizeit-, Erholungs- und Vergnügungseinrichtungen, beim Fremdenverkehr sowie in Museen und wissenschaftlichen Präsenzbibliotheken,

8. beim Rundfunk, bei der Tages- und Sportpresse, bei Nachrichtenagenturen sowie bei den der Tagesaktualität dienenden Tätigkeiten für andere Presseerzeugnisse einschließlich des Austragens, bei der Herstellung von Satz, Filmen und Druckformen für tagesaktuelle Nachrichten und Bilder, bei tagesaktuellen Aufnahmen auf Ton- und Bildträger sowie beim Transport und Kommissionieren von Presseerzeugnissen, deren Ersterscheinungstag am Montag oder am Tag nach einem Feiertag liegt,

9. bei Messen, Ausstellungen und Märkten im Sinne des Titels IV der Gewerbeordnung sowie bei Volksfesten,

10. in Verkehrsbetrieben sowie beim Transport und Kommissionieren von leicht verderblichen Waren im Sinne des § 30 Abs. 3 Nr. 2 der Straßenverkehrsordnung,

11. in den Energie- und Wasserversorgungsbetrieben sowie in Abfall- und Abwasserentsorgungsbetrieben,

12. in der Landwirtschaft und in der Tierhaltung sowie in Einrichtungen zur Behandlung und Pflege von Tieren,

13. im Bewachungsgewerbe und bei der Bewachung von Betriebsanlagen,
14. bei der Reinigung und Instandhaltung von Betriebseinrichtungen, soweit hierdurch der regelmäßige Fortgang des eigenen oder eines fremden Betriebs bedingt ist, bei der Vorbereitung der Wiederaufnahme des vollen werktägigen Betriebs sowie bei der Aufrechterhaltung der Funktionsfähigkeit von Datennetzen und Rechnersystemen,
15. zur Verhütung des Verderbens von Naturerzeugnissen oder Rohstoffen oder des Misslingens von Arbeitsergebnissen sowie bei kontinuierlich durchzuführenden Forschungsarbeiten,
16. zur Vermeidung einer Zerstörung oder erheblichen Beschädigung der Produktionseinrichtungen.

In all diesen Fällen muss die »seelische Erhebung« an einem anderen Tag stattfinden. Obwohl auch Menschen, die gesetzlich garantiert freihaben, meist mit anderen Dingen beschäftigt sind. Der hehre Anspruch an den Sonntag scheint jedenfalls nichts oder wenig mit der allgemeinen Feiertagspraxis gemein zu haben. Nichts mit dem Gebrüll der Fankurven in den Fußballstadien, nichts mit überladenen Brunchbüfetts, nichts mit den Grillrauchschwaden über den öffentlichen Grünanlagen im Sommer oder den japanischen TV-Zeichentrickserien, vor denen Vorschulkinder schon am frühen Morgen mit glasigen Augen hocken, damit ihre Eltern an eine Extrastunde Schlaf kommen. Ob die Formel 1 »seelische Erhebung« bietet, darüber kann man außerdem streiten. Sicher aber nicht darüber, worin die eigentliche Bedeutung des Sonntags liegt: überhaupt erst die Möglichkeit zur »seelischen Erhebung« zu haben. Weil alles da ist, was man dazu benötigen könnte: Freiheit, Muße, Zeit, Gelegenheit, Frühstück im Bett, die Sonntagszeitung und der *Tatort.*

2 Der Medienstar

Boerne: »Entweder es regnet in Münster
oder es läuten die Glocken.«
Thiel: »Und wenn die Glocken läuten
und es regnet, ist Sonntag.«
Tatort, Folge 582,
nach einem westfälischen Sprichwort

Der *Tatort*

Sollten Außerirdische jemals vorhaben, Deutschland zu kapern, müsste man ihnen wärmstens den Sonntag empfehlen. Besonders der Abend wäre der perfekte Zeitpunkt. Denn zwischen 20:15 und 21:45 Uhr schauen die Deutschen nicht raus, sondern *Tatort*.

Das ist so seit dem 29. November 1970, als die erste Folge der erfolgreichsten und langlebigsten Krimiserie des deutschsprachigen Raums in der ARD lief. Sie hieß *Taxi nach Leipzig*. Der Fall: Auf einem Interzonenparkplatz der DDR wird ein toter Junge in Westkleidung gefunden. Bald wird über die innerdeutsche Grenze hinaus von West nach Ost ermittelt. Erfolgreich natürlich, ebenso wie dieser fulminante *Tatort*-Start. Die Serie wurde so beliebt, dass bis heute mehr als tausend Folgen gedreht wurden. Für die Medienwissenschaftler Julika Griem und Sebastian Scholz ist *Tatort*-Schauen »nationale Kontemplation«, und sicher ist es längst irgendwo in der deutschen DNA abgelegt. Vermutlich gleich neben der Mülltrennung und der Currywurst. Wenn man in Deutschland »Sonntag« denkt, dann denkt man auch *Tatort*. Obwohl das Format eine deutsch-österreichisch-schweizerische Gemeinschaftsproduktion von ARD, ORF und SF/DRS ist.

Weshalb die Deutschen dem *Tatort* trotz wachsender Konkurrenz als heiß geliebtem Sonntagsritual so unverdrossen in Treue verbunden sind, erklärt sich dabei – bis auf wenige Ausnahmen – weniger durch die Brillanz der Drehbücher oder der Inszenierungen, sondern vielmehr durch die geradezu geniale Mischung aus Vertrautem und Überraschendem. Wobei Ersteres – wir befinden uns in Deutschland, der Homebase des Sicherheitsdenkens – stets klug ein wenig höher dosiert wurde. So war der *Tatort* lange vor dem Erfolg der Regionalkrimis von Anfang an immer auch Heimatkunde, ein Abbild der föderalistischen Ordnung des Landes. Jeder Sender im Verbund der ARD, das heißt so ziemlich jedes Bundesland, lieferte seine eigenen Ermittler, seine eigenen Tatorte, sein unverwechselbares Lokalkolorit, sogar bisweilen inklusive der verschiedenen Dialekte. Der Norddeutsche Rundfunk etwa zeigte 1982 die Folge *Watt Recht is, mutt Recht bliewen,* in der niederdeutsches Platt gesprochen und die für hochdeutsche Zuhörer mit Untertiteln versehen wurde. Zudem begleiten manche Kommissare die Zuschauer schon länger durchs Leben als die meisten Ehepartner. So etwa die Ermittler des SWR, Lena Odenthal und Mario

Kopper, mit achtundzwanzig Jahren *Tatort*-Dienst in Ludwigshafen das langlebigste Duo, bis auch sie 2017 die Scheidung ereilte. Wie im richtigen Leben eben. Bekanntes liefern immer auch die Fälle. Alles, was Deutschland bewegte und bewegt, kam und kommt im *Tatort* vor: Wiedervereinigung, Terrorismus, Organhandel, Abtreibung, Globalisierung, Rassismus, Drogen, Umwelt- und Medizinskandale, Kinderschändung, Verwahrlosung, Arbeitslosigkeit, Wirtschaftskriminalität, die Probleme mit der Altenpflege ebenso wie die mit der Partnersuche. Anders als im wirklichen Leben löst der *Tatort* vielleicht nicht die gesellschaftlichen Widersprüche, aber immerhin den Mordfall, und man geht nach diesem »kollektiven Läuterungsprozess«, wie Wolfram Eilenberger ihn nennt, wenigstens am Sonntag einmal beruhigt ins Bett.

Und zwar ein wenig klüger. Jedenfalls was die so wichtige Herzensbildung anbelangt. Der *Tatort* leistet nämlich durchaus »einen wesentlichen Beitrag zur empathischen Schulung und moralischen Erziehung der Zuschauer«, so die Philosophin Susanne Schmetkamp. Der Sonntagskrimi sei, so der Literaturwissenschaftler Jochen Vogel, eigentlich der »wahre Gesellschaftsroman der Bundesrepublik«. Wie er einem gefiel, das wird traditionell immer am Montag im Büro besprochen. Noch so ein Grund für die *Tatort*-Manie: Die Sendung lieferte von Anfang an zuverlässig Themen, über die sich alle mit allen austauschen können. Jetzt auch schon während der Ausstrahlung. Seit mehreren Jahren treffen sich bundesweit *Tatort*-Fans in Kneipen und sogar Kinosälen zum gemeinschaftlichen Gucken. Und damit man beim Mitfiebern auch allein daheim Gesellschaft hat, hat sich längst

der Second Screen via Facebook und Twitter als Platt-
form für Livekommentare etabliert. Es ist fast so, als
würden alle in ein und demselben Wohnzimmer sitzen.
Auch deshalb ist ein Sonntag ohne *Tatort* undenkbar.
Sollte Ihnen auf dem Weg in die Küche, um Nachschub
an Chips und Bier zu holen, ein Alien über den Weg laufen, regen Sie sich also nicht auf. Sagen Sie ihm, er soll
sich hinten anstellen. Denn zumindest der Sonntag ist
ja längst gekapert: von den Flimmerkisten, die an den
Wochenenden so lange laufen wie sonst nie, um, wie
Theodor W. Adorno es in seinem Prolog zum Fernsehen
anmerkte, die Lücke zu stopfen, die der Privatexistenz
angesichts der Kulturindustrie noch geblieben war.

Das Wort zum Sonntag

Und es gab einiges zu stopfen. Vor allem am Wochenende
mit seiner neu dazugewonnenen Freizeit breitete sich das
Fernsehen von Anfang an aus wie Dämmschaum. Griff
gierig erst nach den Abendstunden und schließlich nach
ganzen Tagen. Der erste Fernseher – noch schwarz-weiß –
zog während einer Winterolympiade in unser Wohnzimmer ein, und obwohl niemand in der Familie weder
vorher noch nachher jemals auf Skiern gestanden hatte,
saßen wir gebannt vorm Guckkasten. Alles war eine Sen-
sation. Sogar *Das Wort zum Sonntag,* das 1954 erstmals
am Samstagabend ausgestrahlt wurde und mit dem die
ARD die Zuschauer ins Bett schickte. »Rausschmeißer«
nennt man das in Musikclubs, eine Aufgabe, die dort
gewöhnlich etwa von *This ist the end* von den Doors über-

nommen wird. Im Fernsehen lag sie nun in den Händen von Pfarrern, Priestern, Theologen und Laien, jeweils im Wechsel von der evangelischen und der katholischen Kirche. Die Männer blieben fünfzehn Jahre unter sich, bevor man auch mal einer Frau den Frontalreligionsunterricht zutraute: Liselotte Nord vom Bayerischen Mütterdienst. Ein Aufreger damals. Doch davon bekamen wir nichts mit. War ja längst Schlafenszeit. Und die begann nach dem *Sandmännchen*.

Wenn wir endlich im Bett waren, ging es für die Erwachsenen erst richtig los. Sie schauten samstags die großen Abendshows mit Hans-Joachim Kulenkampff, Peter Alexander, Hans Rosenthal, Rudi Carrell oder Übertragungen aus dem Hamburger Ohnsorg- oder dem Kölner Millowitsch-Theater. Dazu gab es Kellergeister, den Champagner des kleinen Mannes, Salzstangen und Käsespieße. Meine Eltern waren der Meinung, dass man entweder Kinder haben kann *oder* ein ausschweifendes Nachtleben. Die Härten des selbst verordneten Hausarrests dämpfte der Fernseher, bis ich etwa zehn war und die beiden uns an einem Samstag das erste Mal abends für ein paar Stunden allein ließen (in denen mein kleiner Bruder willkürlich Zahlenreihen gewählt hatte und am Telefon wildfremden Leuten berichtete, dass unsere Eltern uns allein gelassen hatten und niemand sagen könne, wann sie wieder nach Hause kämen). Vielleicht ging es vielen Familien ganz ähnlich. Möglicherweise waren die Deutschen nach all den Feldzügen und den Überfällen auf Polen, Frankreich, Russland, Italien, Griechenland, die Niederlande, Belgien, die Tschechoslowakei, Österreich, Ungarn, Bulgarien, Rumänien, Luxemburg, Jugoslawien, Ägypten aber auch ganz froh, mal wieder daheimbleiben zu können. Jedenfalls erlebte das Fernsehen mit Einschaltquoten von achtzig Prozent in den 1960er- und 1970er-Jahren seine goldensten Zeiten.

Einschalten, um abzuschalten

Sonntags war der *Frühschoppen* mit Werner Höfer Kult für meinen Vater. Das Sendekonzept: Sechs Journalisten aus fünf Ländern, darunter sogar manchmal auch eine Journalistin, die die Weltlage diskutierten. Henri Nannen, Peter von Zahn, Rudolf Augstein, Sebastian Haffner, Julia Dingwort-Nusseck, Fides Krause-Brewer und andere traten auf. Dazu wurden Aschenbecher und Alkohol gereicht. Man trank und rauchte vor laufender Kamera, und zwar mit solcher Hingabe, dass die Stammtischrunde an eine Edgar-Wallace-London-Themse-Nebel-Szene erinnerte. Wir Kinder warteten immer auch ein wenig darauf, dass bald ganz sicher ein Nebelhorn zu hören sein würde und dann der Hexer erschien. Aber es hieß ja *Frühschoppen* und sollte Stammtischatmosphäre bieten, ohne dafür den Gatten sonntags an die Kneipe um die Ecke zu verlieren. Nachmittags schauten wir Serien wie *Die Unverbesserlichen* mit Inge Meysel, Joseph Offenbach, Monika Peitsch, Günter Pfitzmann und Filme mit Hans Moser, Marika Rökk, Heinz Rühmann, Paul Hörbiger, Johannes Heesters, Theo Lingen. Was die Deutschen schon im Nationalsozialismus unterhalten hatte, wurde im Sonntagnachmittagsprogramm recycelt, in all jener Unschuld, die die Filme schon damals so erfolgreich vorgetäuscht hatten. Ganz im Sinne von Joseph Goebbels, der einmal sagte: »Gute Laune ist einer der wichtigsten Kriegsartikel. Unter Umständen ist er kriegsentscheidend.« Das galt nun ebenso für den bundesrepublikanischen Sonntag mit seinem Für-jeden-etwas-Programm: Traut saß die ganze Familie vor dem Fernseher, aß Kuchen, trank Kaffee und war dankbar, sich in der Illusion wiegen zu können, dass man ja gemeinsam etwas unternahm, ohne wirklich etwas unternehmen zu müssen. Und das mit Lerneffekt.

Erkennen Sie die Melodie, dem musikalischen Ratespiel mit Ernst Stankovski, verdanke ich immerhin erste rudimentäre Opernkenntnisse. Das Beste von allem aber war selbstverständlich *Bonanza,* und die Mädchenfrage aller Mädchenfragen dieser Zeit, wen meine Schwester und ich später heiraten würden: Little Joe oder Adam? Dabei wäre die viel interessantere Frage die gewesen, die sich eine Gruppe von Hausfassadenvertretern 1987 in dem Spielfilm *Tin Men* stellte: Was tun eigentlich fünf Männer allein auf einer Farm, und das über mehr als 430 Folgen? Neben Ben Cartwright und seinen drei Söhnen gab es da ja noch den Koch Hop Sing und den Vorarbeiter Candy. Natürlich war es nicht der Storch gewesen, der Adam, Hoss und Little Joe auf der Ponderosa-Ranch fallen ließ. Doch ihre jeweiligen Mütter hatten stets recht zügig das Zeitliche gesegnet. Wie es überhaupt den Frauen das Leben verkürzte, mit einem der Männer dort eine Liebelei zu beginnen. Sie starben wie die Fliegen. Gut für uns, fanden wir mitleidlos. So blieb ausreichend Raum für unsere Mädchenzimmerfantasien. Ich liebte auch die *Augsburger Puppenkiste:* Lukas, den Lokomotivführer, Frau Waas, den Scheinriesen, König Alfons den Viertel-vor-Zwölften, das Urmel aus dem Eis, Mama Wutz und den melancholischen See-Elefanten mit däm aigentömlichen Sprochfähler, der immer nicht wusste, warum er so traurig ist, den Pinguin Ping, der so gern in seiner Mupfel lag, um die Sonne, den Mond, die Sterne über sich hinwegziehen zu sehen. *Lassie, Rin Tin, Pan Tau, Die Kinder von Bullerbü, Die Märchenbraut* und der – wie ich fand – ziemlich gruselige *Karlsson vom Dach* begleiteten uns durch den Sonntag. Abends trat *Derrick* noch hoffnungsfroh gegen den *Tatort* an, bevor er sich 1977 geschlagen geben musste. In der Pubertät leistete das Fernsehen wertvolle Hilfestellung beim Abnabelungsprozess. Besonders gut gelang das mit der *ZDF-Hitparade.* Aber auch mit Ilja Richters *Disco,* diesem im Ansatz schon missglückten Versuch, mittelmäßige Popmusik mit peinlich unlustigen Sketches aus der untersten Klamottenkiste der Pennälerfilme irgendwie zur familienverträglichen Unterhaltung zu vermendeln. Als würde man sich als Teenager nichts sehnlicher wünschen, als am Samstagabend gemeinsam mit Vater, Mutter, Oma, Opa mit den Füßen wippen zu können. Abwechselnd zu Peter Maffay und T. Rex. Aber es gab Hoffnung, etwa den *Rockpalast* und die *Rockpalast-Nacht* aus der Essener Grugahalle. Bis zu zehn Millionen Menschen schauten und hörten bis 1986 zwei Mal im Jahr europaweit vor ihren Fernsehern bis zu sechs Stunden lang Hochkarätern wie The Who, The Police, Peter Gabriel oder Mothers Finest zu. Ein Lichtblick auch die Musiksendung *Formel Eins.* Eine Zeit lang Samstagnachmittagspflicht in unserer Wohngemeinschaft, um in Sachen Musikvideo auf dem Laufenden zu sein. *Wetten, dass...?*, das mit dreiunddreißig Jahren vermutlich langlebigste und beliebteste Samstagabend-Urgestein habe ich weitgehend ausgelassen, trotz der bisweilen spannenden internationalen Gäste. Ich war schon als Kind kein großer Zirkusfan, und als Erwachsene fand ich es auch nur mäßig spannend, dabei zuzuschauen, wie eine Wärmflasche durch Aufpusten zum Platzen gebracht wird oder ein Mann in wenigen Minuten fünfzig Wiener Telefonbücher zerreißt. Wenn ich heute samstags wieder Käseigel zubereite und Schinken um Spargel rolle, dann ist das eine Ausnahme, die ich nur einmal im Jahr und nur für den *Grand Prix Eurovision De La Chanson Européenne* mache, der jetzt *European Song Contest* heißt.

Noch so eine unkaputtbare TV-Institution wie *Das Wort zum Sonntag,* die *Sportschau* (die in einem anderen Kapitel zum Zuge kommt), der *ZDF-Fernsehgarten* und der *Tatort.* So zuverlässig, wie Zypern Griechenland immer zwölf Punkte gab, Belgien ebenso reflexartig seine Nachbarn stets mit Bestnoten bedachte und Germany kaum *points* bekam, begleitete immer auch Naserümpfen das Event. Nicht umsonst sagte ein britischer Journalist einmal: »Man möchte von den eigenen Kindern lieber mit 'ner toten Ziege im Bett erwischt werden als dabei, sich Aufnahmen alter Eurovisionssongs im Fernsehen anzugucken, womöglich sogar Freude daran zu haben.« Klar war die musikalische Leistungsschau zwischendurch ziemlich verstaubt. Die Refrains schon so grauslich schlicht, dass ich ziemlich froh war, weder Finnisch noch Ungarisch oder gar Lettisch zu verstehen. Die Kostüme bisweilen so schrecklich kitschig – überladene Modeentgleisungen –, dass die private Internetseite House of

Eurovision seit 1997 dafür sogar einen Preis, den »Barbara Dex Award«, auslobt. Benannt nach der belgischen Sängerin, die 1993 in einem selbst gefertigten, hautfarbenen Kleid auftrat, das aussah, als hätte man sie komplett mit Silikon übergossen. Dabei war und ist es gerade das Zuviel von allem – von Kitsch, von Haarspray, von Pailletten, schlechtem Geschmack, von Windmaschinen und LED-Gewitter –, das die Show für ihre Fans so herzerwärmend besonders macht. Hier erlebte man außerdem von Anfang an, was das vereinte Europa noch so zu bieten hat außer Verordnungen wie die zur »Begrenzung der Einschaltzeit bei Kaffeemaschinen«. Seit Guildo Horn dem Contest 1998 mit *Guildo hat euch lieb* eine Frischzellenkur verpasste und Lena den Deutschen 2010 in Oslo ihren zweiten ersten Platz in der ESC-Geschichte bescherte, ist der Contest wieder im Aufwind und jünger als je zuvor. Mit Conchita Wurst und seinem grandiosen Siegersong *Unstoppable* sind auch die Grandezza, der Glitter, der Pomp mit Macht zurückgekehrt. Heute schauen weltweit Millionen zu, es braucht niemand mehr eine Ausrede wie »ja, ich guck das, aber nur kritisch!«. Man fragt: »Du die Erdbeerbowle, ich die Schnittchen?!«, und schon hat man den Samstagabend klargemacht. Interessenten gibt es genug.

Einschalten, um abzuschalten, ist immer noch der Deutschen Wochenendlieblingsbeschäftigung, und obwohl immer mal wieder das Totenglöckchen für das Fernsehen geläutet wird, zeigt die Entwicklung des Fernsehkonsums in Deutschland etwas anderes. Laut Arbeitsgemeinschaft Fernsehforschung lag die durchschnittliche Sehdauer zuletzt bei 221 Minuten pro Tag und damit zwanzig Minuten über dem der Jahrtausendwende. Spitzenwerte erreicht sie zuverlässig am Wochenende mit einem Plus von bis zu zwei Stunden. Eine amerikanische Studie warnte kürzlich, solch exzessiver Fernsehkonsum könnte das Hirn schrumpfen lassen, und vermutete einen Zusammenhang zwischen Demenzrisiko und Sehdauer. Aber gerade sonntags steht einem da ja ein ebenso probates wie etabliertes Gegengift zur Verfügung, eines, das sogar von *Das Supertalent* oder *Dschungelcamp* gemeuchelte Hirnströme wiederzubeleben vermag: die Sonntagszeitung.

Der Kopf kann was erleben – die Sonntagszeitung

In Deutschland tauchten die Ersten ihrer Art bereits im 17. Jahrhundert auf. Aber es waren die Briten, die aus dem Medium einen Kult machten. Vermutlich aus reiner Verzweiflung. Am englischen Sonntag war so ziemlich alles untersagt, was Spaß machte, und so nahm man die Zeitungslektüre dankbar als Notausgang aus der strikt verordneten Tristesse an. Mit bunteren Themen, mehr Unterhaltung, mehr Familiensinn, mehr Sport, als man es von den Wochentagsausgaben gewohnt war. Die Menschen hatten Zeit, und die sollten auch jene zu einer möglichst umfänglichen Lektüre nutzen, die im Alltag nicht oder kaum von den Zeitungen angesprochen wurden. Frauen zum Beispiel, aber auch Kinder, die früh schon mit in die Sonntagszeitungsleserfamilie einbezogen wurden. So viel Inhalt läpperte sich natürlich. Bis zu sieben Kilo konnte so ein Sonntagspressepaket in den besten Zeiten der Printmedien auf die Waage bringen. Was einen italienischen Journalisten einmal zu der Bemerkung veranlasste, damit sei nachgewiesen, »dass die Briten auch am siebten Tag kein Sexualleben haben«. Nach der Brexit-Entscheidung mag es berechtigte Zweifel geben, ob die Mehrheit der Briten die Zeitungen überhaupt liest oder vor allem dazu braucht, um *Fish and Chips* darin einzuwickeln oder wahlweise Schiffchen zu falten, um nicht im Meer aus Selbstmitleid zu ertrinken. Ganz sicher aber schöpft auch die moderne Sonntagszeitung aus jener speziellen Ursuppe, die der Journalist Morrill Goddard – »Vater der amerikanischen Sonntagszeitung« – Ende des 19. Jahrhunderts einmal so beschrieb: »Einige Seiten mit aktuellen Nachrichten und Meinungen. Ein bis zwei Seiten mit wissenschaftlichem oder pseudowissenschaftlichem Stoff. Sensationeller kriminalistischer Stoff. Kulissenklatsch (mit besonderer Berücksichtigung der Erotik). Briefkastentante mit einem Rat für junge Mädchen und Verliebte. Darstellung literarischer und sozialer Prominenz. Sport und Gesellschaftsleben. Farbige Beilagen mit Comicstrips und Vermischtem.« Selbst die Nichtleser sollten miteinbezogen werden. Mit »Zeitungsstrips« wandte man sich an die allein 900 000 Einwanderer in New York, die der fremden Sprache – noch – nicht kundig waren. Mit Bildern und Sprechblasen sollten sie nicht nur in den Sonntagszeitungsbann gezogen, sondern auch mit der fremden Kultur vertraut gemacht werden. Viele der Zeichner wussten aus eigener Erfahrung, wie verloren man sich in einem neuen Land fühlen kann. Sie waren zum Teil selbst Einwanderer aus Deutschland oder kamen aus deutschen

Familien wie der spätere Bauhaus-Professor Lyonel Feininger oder die beiden Comic-Pioniere Harold H. Kerr und Rudolph Dirks, Schöpfer von *The Katzenjammer Kids,* inspiriert von Max und Moritz von Wilhelm Busch. Natürlich sprachen die Bildergeschichten auch und vor allem Kinder und Jugendliche an. Und so starteten viele Jugendzimmerhelden ihre Karriere als Zeitungsstrip. Auch *Popeye*, der griesgrämige Seemann, fing am 17. Januar 1929 als »The Witthle Han« klein und als Nebenfigur an und wurde so populär, dass bald über sechshundert US-Zeitungen seine Abenteuer abdruckten und seinen Schöpfer Elzie Crisler Segar zu einem reichen Mann machten. Ohne Sonntagszeitung keine »Comics«, ein Begriff, der erstmals fiel, als die Sonntagsausgabe der *New York World* mit einem entsprechenden Supplement ausgestattet wurde und damit zu einem der meistverkauften Blätter des Landes avancierte. In Deutschland brauchte man noch eine Weile für Sprechblasen in Zeitungen. Der beliebteste Strip der Vorkriegsjahre musste deshalb ohne Worte auskommen: *Vater und Sohn* von e. o. plauen. Bis weit nach dem Zweiten Weltkrieg wurden hierzulande große Unterschiede zwischen pädagogisch vermeintlich einwandfreien Bildergeschichten und dem Jugendverderber Comics gemacht. Noch 1949 war in der *Deutschen Zeitung* zu lesen, das eine unterscheide sich vom anderen wie »ein deutscher Lustspielfilm von einem amerikanischen Cowboystreifen«. Aber schon in den 1950er-Jahren sah man ein, wie einträglich der »Cowboystreifen« war, und es erschienen erste Comics in Zeitungen, darunter der wohl langlebigste: *Oskar, der freundliche Polizist* von Otto Schwalge, der von 1954 bis 2012 im *Kölner Stadtanzeiger* lief.

»Sonntag ist der festliche Tag der Woche. Und er ist der erholsame Tag – der Ruhetag seit eh und je.« Wilhelm Bettges, Werbeleiter der *Bild am Sonntag,* schrieb das 1962 nicht ganz uneigennützig. Wo viel Entspannung war, da gab es auch mehr Gelegenheiten, die volle Aufmerksamkeit der Leser zu gewinnen. Wie die Comics leisteten dabei von Anfang an auch die Kreuzworträtsel wichtige Beziehungsarbeit zwischen Leser und Blatt. Wie der erste Comic fand sich auch das erste »Word Cross Puzzle« 1919 in einer »Sonderspaßbeilage« der *New York World.* Erdacht hatte es Arthur Wynne, nicht ahnend, dass er damit eine hochwirksame, stark abhängig machende Droge auf den Markt gebracht hatte. Eine, ohne die bald keine Zeitung mehr auskommen sollte. Ihr vielleicht bekanntester Dealer: der amerikanische Rätselgott Will Shortz, der jahrzehntelang den weltweiten Rätselolymp, das Crossword-Puzzle der *New York Times,* betreute. Er hat es mit seinen Rätseln zu weltweitem Ruhm gebracht. Manche wollten sogar im Jenseits nicht ohne sein, vermutlich aus der berechtigten Sorge, dass sich die Ewigkeit sonst ganz schön ziehen könnte. Jedenfalls erzählte Will Shortz dem Magazin der *Süddeutschen* einmal folgende Geschichte: »Vor Jahren meldete sich eine Frau aus Long Island bei uns. Ihre Mutter war gerade gestorben, sie hatte unsere Rätsel geliebt. Die Dame fragte, ob wir das Rätsel der nächsten Ausgabe früher fertig machen könnten, damit sie es ihrer Mutter mit ins Grab legen kann. Den Gefallen haben wir ihr getan.« Endlich einmal ausreichend Zeit für die besonders vertrackten Rätsel, das wünschen sich viele. Das Sonntagsrätsel ist größer als die anderen (einundzwanzig mal einundzwanzig Plätze statt fünfzehn mal fünfzehn im Vergleich zu denen unter der Woche) und äußerst anspruchsvoll. Eine Herausforderung, der sich die New Yorker bis heute ungebrochen mit Wonne stellen. Die *New York Times* verkauft eigene digitale Abopakete nur für ihre »crosswords«, ein Angebot, das über 300 000 Menschen nutzen.

Mit den Sonntagszeitungen verhält es sich also im Prinzip wie mit Scheherazade aus den *Märchen aus Tausendundeiner Nacht*: Sie verlängern ihr Dasein Sonntag für Sonntag mit Kurzweil, einem ausgeprägten Unterhaltungscharakter, mit übergreifenden Themen und mit Hintergrundberichten zum Tagesgeschehen, für die unter der Woche weder Gelegenheit noch Raum ist. Zu den Platzhirschen auf dem deutschen Markt gehören dabei die *Frankfurter Allgemeine Sonntagszeitung,* die *Welt am Sonntag,* die *Bild am Sonntag,* der *Kurier am Sonntag* als Sonntagsausgabe des *Weser-Kurier* und die *Bremer Nachrichten,* die *Morgenpost am Sonntag* aus Dresden, der *Sonntag-Express* als Sonntagszeitung der Rhein-Metropolen Köln, Bonn, Düsseldorf und Umgebung. Sie alle folgen auf ihre Weise der Maxime, die *FAZ*-Herausgeber Dieter Eckart einmal für sein Blatt so formulierte: »Wer sonntags, dem Tag der Entspannung, eine Zeitung liest, soll Vergnügen daran finden. Und wenn es dann einen Tick boulevardesker wird, kann es dennoch informativ sein.« Den kleinen Unterschied zwischen Werk- und Sonntagsausgaben markieren bei der *Frankfurter Allgemeinen Zeitung* allein schon die Slogans. Wirbt man für die Alltagsversion mit »Dahinter steckt immer ein kluger Kopf«, lautet die Sonntagsverheißung: »Ihr Kopf kann was erleben«, und zwar Preiswürdiges. Die *FAS* wurde beim renommierten Wettbewerb »The Newspaper Awards« in London mehrfach als »Internationale Zeitung des Jahres« ausgezeichnet. »Klug, schön, relevant und bei der Elite zu Hause«, lautet die Selbstauskunft, und die ist keineswegs geprahlt. Immerhin fast die Hälfte der *FAS*-Leser hat ein Studium abgeschlossen, einundvierzig Prozent sind leitende Angestellte, höhere Beamte, Geschäftsführer, Freie oder Selbstständige. Über zwei Stunden tauchen die LeserInnen durchschnittlich in die *FAS* ein. So viel Zeit wird man für die *Bild am Sonntag* zwar kaum aufwenden müssen. Dafür zählt sie mit der *Welt am Sonntag* zu den Spitzenreitern bei den Verkäufen und verfügt wie alle Sonntagszeitungen über die so wichtigen Lockstoffe gerade auch für die Werbeindustrie. Denn umso breiter die Themen der Sonntagszeitung, desto größer die Leserschaft, je entspannter das Umfeld, umso geneigter ist man, seine Aufmerksamkeit auch wohlwollend auf die Anzeigen zu richten. Über große Anschaffungen wird ja vor allem am Sonntag nachgedacht. Und nicht nur das. Sie werden laut einer Studie der *Bild am Sonntag* auch direkt im Internet recherchiert und geplant. Aber das nur nebenbei und für all jene, die glauben, dass der Sonntag ein einziges ökonomisches Desaster sei und dringend mit großzügigeren Ladenöffnungszeiten und einem gelockerten Arbeitnehmerschutz zum Nutztier für die Wirtschaft gewandelt werden sollte. Das eigentliche Verdienst der Sonntagszeitung liegt darin, dass wir uns mit ihr und für sie Zeit nehmen und so wenigstens ein Mal pro Woche noch erfahren, wie viel klüger das ist und macht als all das Hetzen, Rasen und sich im Hamsterrad Überschlagen an den anderen Wochentagen.

3 Die große Pause

*»Eines Tages wird es gleichgültig sein,
ob wir glücklich oder unglücklich sind,
weil wir für keines von beiden Zeit haben.«*
Tennessee Williams

Es ist keine Erfindung der Kirchen, dass der Mensch eine Auszeit braucht. Pausen liegen vielmehr in unserer Natur. Selbst das unermüdliche Herz gönnt sich zwischen zwei Schlägen einen Moment der Ruhe. Wir können nicht wie die Duracell-Hasen laufen und laufen und laufen. Wir müssen auch mal die Batterien aufladen, schlafen, die Füße hochlegen, in den Himmel schauen. Es sei denn, wir planen ein frühes Ableben. »Karoshi« nennt man in Japan diese Art, das Zeitliche zu segnen. Übersetzt wird das mit »Tod durch Erschöpfung«. 191 Menschen soll es allein 2017 getroffen haben: Karoshi durch Herzversagen wegen Arbeitsüberlastung, Schlaganfall oder Selbstmord. Nach Angaben der japanischen Regierung befindet sich derzeit jeder fünfte Beschäftigte an seinem Arbeitsplatz in Lebensgefahr. Die offizielle Arbeitszeit beträgt zwar vierzig Stunden, aber es gibt kein Limit nach oben und zudem ein ausgeprägtes, kulturell bedingtes Pflichtbewusstsein. Traurige Berühmtheit erlangte der Fall einer jungen

Journalistin, die 2013 mit Anfang dreißig starb. Sie hatte mehrere Wochenenden durchgearbeitet, so gut wie nicht geschlafen und Hunderte von Überstunden angehäuft. Man fand sie tot mit einem ihrer drei Mobiltelefone in der Hand. Dabei hatte schon der im Land der aufgehenden Sonne so hochverehrte Johann Wolfgang von Goethe gewarnt: »Unbedingte Tätigkeit, von welcher Art sie sei, macht zuletzt bankrott.«

»Gemeinschaften, die ihre Mitglieder zur Pausenlosigkeit zwingen, müssen daher unmenschlich genannt werden. Sie setzen sich über die Grenzen menschlicher Verfügungsgewalt hinweg und provozieren ihren baldigen Untergang«, schreibt auch der Zeitforscher Karlheinz A. Geißler. Und: »Eine Organisation, die keine Pausen kennt, ist nichts weiter als eine Menschenverschleißanstalt.«

Die Pause – vom altgriechischen παῦσις (paūsis) für »Ruhe« und »Stillstand« abgeleitet – hat also einen sehr anspruchsvollen Dienstplan. Pausenlos ist sie damit beschäftigt, uns das Leben zu retten, aber auch, uns klüger zu machen. Denn wer dem Gelernten, den neuen Erfahrungen, keine Pause gönnt, dem kommt dieser Zugewinn abhanden. Das Gehirn braucht Zeit, um Informationen ordentlich zu verstauen. Strömt unaufhörlich Neues nach, verflüchtigt sich nicht nur alles, sondern es fehlt auch die Gelegenheit zur Kontaktanbahnung. Unser Kopf gleicht ja einem Swingerclub, in dem sich unsere Gedanken ständig neu verbandeln wollen, um auf neue Ideen zu kommen. Nicht zufällig verdanken sich viele der größten Erfindungen und Kulturleistungen dem Pausemachen, wurden gerade dann geboren, wenn man einmal nicht angestrengt daran arbeitete, etwas Geniales zur Welt zur bringen. Isaak Newton beispielsweise kam bei einer Mußestunde auf die Gravitationstheorie, als er versonnen im eigenen Garten einen Apfel betrachtete. Von René Descartes, dem französischen Philosophen, Naturwissenschaftler und Mathematiker, weiß man, dass er am liebsten morgens im Bett die Gedanken schweifen ließ und dabei mathematische Rätsel löste. James Joyce ging abends mit Freunden trinken, um auf Abstand zum Schreiben zu gehen und auf neue Ideen für *Ulysses* zu kommen. Es ist wie in der Musik: Ohne die Leerstellen zwischen den Noten wäre sie ein einziger eintöniger Akustikbrei. Erst die Pause gibt allem einen Rhythmus, eine Form, einen Sinn. Auch deshalb haben sich traditionelle Gesellschaften immer auch solche Ruhepole eingebaut, kennt neben dem Judentum und dem Christentum auch der Islam den siebentägigen Feiertagsrhythmus. Dort nimmt vorwiegend der Freitag die Rolle des Sonntags und damit des Lichts am Ende des Arbeitswochentunnels ein. Wer weiß, dass ein freier Tag kommen wird, erträgt die nicht so freien gleich besser.

Menschen am Sonntag

Sonntags erleben wir, dass wir mehr sind als Alltagsmenschen. Wir sind auch begnadete Freizeitkicker, großartige Köche, Eltern und Kinder, gute Freunde, leidenschaftliche Wanderer, austrainierte Langschläfer und Liebende. Die wöchentlich garantierte Pause macht unser Leben größer und verlängert es nebenbei auch. Studien bestätigen immer wieder, wie es auf Dauer sehr krank macht, wenn wir sieben Tage durcharbeiten. Dass Menschen, die es nicht lassen können oder dürfen, signifikant häufiger unter Stress und psychosomatischen Beschwerden leiden. Und auch, dass es Kinder stark beeinträchtigt, wenn ihre Eltern am Wochenende dauerbeschäftigt sind. So kommen etwa kanadische Forscher zu dem Schluss: »Sonntagsarbeit scheint die mit Kindern verbrachte Zeit stärker zu beeinflussen als jede andere Form von atypischer Arbeit. (...) Eltern holen die so verlorene Zeit offenbar auch nicht auf, indem sie an einem anderen Tag oder zu anderen Zeiten mehr Zeit mit Kindern verbringen.« Wir sind eben auf den Siebentagerhythmus so festgelegt wie ein Walzer auf den Dreivierteltakt. Womit schon ein Teil der Frage beantwortet wäre, die Sonntagsverächter so gerne stellen: weshalb wir es nicht einfach jedem selbst überlassen, wann und wie oft er sich freinimmt. Die für alle verbindliche Pause schafft ja erst das, was der Soziologe Jürgen Rinderspacher »das kollektive Moment« nennt. »Seine Ruhe findet man nicht unabhängig von anderen!«, sagt er.

Was er meint, davon erzählt mein Vater gern. Er verlebte seine Kindheit mit Eltern und neun Geschwistern in einem schlesischen Dorf. In einem Haus, das so winzig war, dass man heute nicht einmal zu zweit dort einziehen würde. Es gab eine Scheune, einen Stall, einen Garten. Sonntags, wenn die Tiere versorgt waren, die zwei Pferde, die sieben Milchkühe, die Kälber, wenn mein Großvater die Nachrichten im Radio gehört hatte, in Totenstille, weil es den Kindern streng verboten war, auch nur einen

Laut von sich zu geben, wenn dann auch der Sonntagsbraten verzehrt war und der Kuchen verteilt, schnappte
sich jeder ein Buch und verzog sich in seinen Winkel des
Grundstücks. Mein Vater hatte sich noch vor seiner Einschulung mit einer alten Bibel vom Dachboden das Lesen
selbst beigebracht. Entsprechend langweilte er sich in der
Schule, und entsprechend aufregend war die sonntägliche
Lektüre. Mein Großvater war ein großer Pferdenarr, und
sein ganzer Stolz war eine geschlossene Kutsche für vier
Personen. Schön gepolstert. Mit Glück und wenn sein
Vater nicht selbst dort las, durfte mein Vater es sich in
der Kutsche gemütlich machen. »Sonntagnachmittag
herrschte eine himmlische Ruhe! Überall lag oder saß
jemand und hatte ein Buch vor der Nase«, erinnert sich
der Fünfundachtzigjährige so lebhaft, als wäre der Sonntag eine Daguerreotypie, mit der sich solche Bilder für
alle Zeiten festhalten lassen. Und das ist er auf seine Weise
auch. Ohne das »kollektive Moment« hätte sich die Erinnerung nicht so frisch erhalten, hätte es nicht die »himmlische Ruhe« gegeben. Erst ein Lebensrhythmus für alle
stiftet Zusammenhalt, stärkt das Gemeinschaftsgefühl,
bietet einen berechenbaren Rahmen, organisatorisch,
aber auch emotional. Der kleine Prinz von Antoine de
Saint-Exupéry lässt sich vom Fuchs darüber belehren,
worin der Vorteil dessen liegt, was er »feste Bräuche«
nennt. »Wenn du zum Beispiel um vier Uhr nachmittags
kommst, kann ich um drei Uhr anfangen, glücklich zu
sein. Je mehr die Zeit vergeht, umso glücklicher werde
ich mich fühlen. Um vier Uhr werde ich mich schon aufregen und beunruhigen; ich werde erfahren, wie teuer das
Glück ist. Wenn du aber irgendwann kommst, kann ich

nie wissen, wann mein Herz da sein soll ...« Ein Brauch sei, erläutert der Fuchs, »das, was einen Tag vom anderen unterscheidet, eine Stunde von den andern Stunden«. Der Unterschied zwischen den »andern Stunden« und dem Sonntag? Idealerweise die Entdeckung der Langsamkeit und Zweckfreiheit.

»Jeder Tag ist vierundzwanzig Stunden lang, aber unterschiedlich breit«, lautet eine georgische Bauernregel. Zeitforscher setzen dagegen, dass man Tage durchaus verkürzen kann, indem man sie nämlich alle gleich breit gestaltet, also vollpackt und durchtaktet. Dann fliegt die Zeit, und zwar erfahrungsgemäß davon. Das Paradox ist ja: Je mehr man sparen will, desto weniger hat man zur Verfügung. Von der Zeit ebenso wie von der echten Erholung. Doch, ja, Pausen müssen sein, gerade für den maximal Organisierten. Um sich für die nächste Großtat zu regenerieren, gilt es, das Rasten auszuweiden für Psyche und Gesundheit. Auf diese Weise füllt das Zeitmanagement die Auszeit mit »geldwertem Tun«, so Zeitforscher Geißler, und schickt damit seine eigenen Pausenclowns in die Arena: Effizienz und Nutzwert. Und schon ist man mitten im Dilemma, einerseits den Zirkus für eine Auszeit verlassen zu sollen und andererseits in der Manege das Kunststückchen vorzuführen, planmäßig außerplanmäßig zu sein. Verschnaufen ist dabei auch bloß ein Termin, den es zu erledigen gilt. Es gibt kein Nichtstun mehr. Alles ist Aufgabe, Selbstbeherrschung, Herausforderung und auch wieder harte Arbeit: an der Abschaffung der Pause. Und wenn man es ganz richtig machen will, garniert man das Ganze heutzutage noch mit Achtsamkeit.

»Hast du dir mal überlegt, wie oft du dich am Tag hinsetzt und wieder aufstehst?«, fragte mich eine Freundin kürzlich. Ich antwortete wahrheitsgemäß »Nein« und: »Wozu soll das gut sein?« – »Na ja«, sagte sie. »Wir leben so bewusstlos in den Tag hinein. Da geht so viel Achtsamkeit verloren. Für den Körper. Für den Moment.« Ich argumentierte, dass ich ohnehin schon sehr viel im Kopf haben müsste: das nächste Projekt, die Frage, was ich sonntags für die Familie koche, ob ich neue Batterien für das Diktiergerät brauche, die Betten neu bezogen gehören. Ich muss mir gut zureden, nicht wie Rumpelstilzchen an der Haltestelle des ÖPNV zu toben, wenn die Straßenbahn mal wieder ausfällt, muss mit mir selbst diskutieren, ob ich gleich oder erst später zum Joggen gehe, und mir streng verbieten, dabei auch nur »Morgen ist auch noch ein Tag!« zu *denken*. Da wäre ich froh, einfach so mal ganz unachtsam auf dem Sofa zu lümmeln und, ja, auch das, gedankenlos vielleicht ein Stück Kuchen in mich hineinzuschaufeln, während ich die Sonntagszeitung lese. Es würde mich einfach sehr viel mehr entspannen, einfach so mal etwas tun zu können, ohne daraus gleich eine Philosophie zu machen. Oder ein Wochenendseminar. Oder daran zu denken, dass man weniger isst, wenn man jeden Bissen gaaaanz bewusst kaut. Sonntags, so sagte ich meiner Freundin, hätte meine innere Lifestylejury Ausgang und dass dieser Tag für mich eben kein Tuwort sei; keines jener tausend zweckgebundenen Rädchen im großen Zeitmanagementgetriebe, in dem alles für etwas gut zu sein hat, Humus für inneres Wachstum liefern soll. Auch weil ich finde, dass mit das Schönste am Sonntag ist, dass man da endlich nach seiner Fasson Pause machen kann. Beziehungsweise: konnte.

Die Kernkompetenzen, die einst allein der Sonntag schulte – Durchatmen, Pausemachen, Müßiggang und Saumseligkeit –, werden zunehmend von anderen gelehrt. Und während uns Profis sagen, wie man sinnvollerweise seine Zeit zu »investieren« habe, fühlt man sich immer mehr in den unerfreulichen Zustand des Pausendilettanten degradiert. Nein, es ist nicht allein der Einzelhandel, der dem freien Sonntag mit seiner ewigen Forderung nach Freigabe der Ladenöffnungszeiten zusetzt. Es sind auch all jene, die der Muße Vorschriften machen wollen. Dass in ihren To-do-Listen selten Aktivitäten vorkommen wie »mit Tante Hilde Kaffee trinken« oder »mit Onkel Frieder spazieren gehen« oder »für die Familie kochen« oder »die Katze streicheln«, hat durchaus Methode. Noch lässt sich daraus kaum unmittelbar verwertbarer ökonomischer Nutzen ziehen, etwa ein Seminar machen. Und gerade deshalb kann das vermeintlich völlig sinn- und zweckfreie Vertändeln von Zeit ganz schön viel Sinn machen. Einen, den Cicero einmal so beschrieb: »Mir scheint nämlich selbst ein freier Bürger nicht wirklich frei zu sein, der nicht irgendwann einmal einfach nichts tut.« Wie man das schaffen soll, ohne etwas schaffen zu wollen? Es ist Sonntag, und wir haben alle Zeit der Welt, auch diese Nuss zu knacken. Sie können es aber auch lassen. Es ist schließlich Ihr Tag.

4 Das Who's who der Sonntage

»Immer wieder sonntags
kommt die Erinnerung ... «
Cindy und Bert

Sonntage mögen sich bisweilen so anfühlen, aber längst nicht alle sind gleich. Manche sind Supersonntage – nicht nur für eine Woche eine Besonderheit, sondern ein Highlight des ganzen Jahres. Andere haben Geschichte gemacht, es zu trauriger Berühmtheit gebracht oder sich mit erstaunlichen Begebenheiten auf ewig im Gedächtnis der Menschheit häuslich eingerichtet.

Der autofreie Sonntag

Die Schweiz machte 1956 den Anfang. Um einem durch die Sueskrise ausgelösten Ölversorgungsengpass vorzubeugen, hatte die Regierung in Bern ein Fahrverbot für vier Sonntage erlassen. 1973 war es dann auch in Deutschland so weit. Den Grund beschrieb die *Bild* in Großbuchstaben: »Benzinpreis explodiert: Bald 1 Mark!« Diese Schlagzeile taucht heute auf Humorwebsites auf, und nicht nur da hält man sie für einen guten Witz. Heute kostet das Benzin längst dreimal so viel, und kaum mehr jemand kann sich die Aufregung vorstellen, die damals herrschte. Ebenso wenig wie die Konsequenzen: Vier autofreie Sonntage vom 25. November bis zum 16. Dezember 1973 und ein Tempolimit von einhundert Kilometern pro Stunde auf Autobahnen, achtzig auf Land- und Bundesstraßen. Die Bundesregierung unter Willy Brandt hatte dafür am 9. November in aller Eile ein Energiesicherungsgesetz verabschiedet. Es ermöglichte die eigentlich nur für den Verteidigungsfall vorgesehene Rationierung von Öl und Benzin. Eine Notwehrmaßnahme. Die erdölexportierenden Golfstaaten hatten nach dem Jom-Kippur-Krieg wegen deren Parteinahme für Israel ein Ölembargo gegen einige westliche Länder erlassen. Gleichzeitig erhöhte die Organisation erdölexportierender Länder (OPEC) kräftig die Rohölpreise. Plötzlich war das Öl eine politische Waffe, besonders gegen Länder, die wie Deutschland ihren Energiebedarf zu mehr als der Hälfte aus importiertem Erdöl und zu drei Vierteln aus arabischen Ländern bezogen. Und sie traf mitten ins Herz der Wirtschaft. Plötzlich gab es Kurzarbeit und Entlassungen.

Doch das waren für uns Kinder damals Erwachsenenprobleme. Wir fanden es großartig, einfach mal so über die Straßen laufen und dort sogar spielen zu können. Und wir nicht allein: Überall nutzten Menschen die seltene Gelegenheit, zu Fuß, auf dem Rad, aber auch zu Pferd oder auf Rollschuhen die Straßen und auch die Autobahnen zu bevölkern. Ein Erlebnis, das bis heute nachwirkt. Auch weil man ausreichend Gelegenheit hatte zu der Feststellung, dass die Welt mitnichten untergeht, wenn am Sonntag nicht alle hinter irgendeinem Steuer sitzen. Mittlerweile engagieren sich viele Initiativen mit exzellenten Argumenten für autofreie Tage, für eine Verkehrswende. Um die Umwelt zu entlasten. Aber auch als Maßnahme zur Lebensverlängerung. Auf dem Fahrersitz kommt man ja nur schwerlich auf die 10 000 Schritte pro Tag, die man täglich mindestens gehen sollte, um ein Frühableben zu verhindern. Die meisten hierzulande schaffen dank ihres Autos nur noch 1200 bis 3000. Auch wegen der Luftverschmutzung erweist sich der Verkehr zunehmend als Profikiller. Acht Prozent der durch Lungenkrebs bedingten Todesfälle werden auf Feinstaub zurückgeführt. Bis zum Jahr 2050 soll die Luftverschmutzung durch Feinstaub sogar Hauptursache für umweltbedingte Todesfälle sein. Streng genommen sollte es autofreie Sonntage also auf Rezept geben. Ebenso wie Fahrräder und Bahntickets.

Blutiger Sonntag

Bitte die Kinder rausschicken, jetzt wird es nämlich sehr hässlich. Der Vollständigkeit halber muss ja auch die so erschreckend breite Blutspur erwähnt werden, die der Sonntag in der Geschichte hinterlassen hat. Nicht, dass sich nicht auch unter der Woche Gräueltaten ereignet hätten. Aber gerade dem Sonntag traut man sie so wenig zu wie Bambi oder dem Papst. Umso erschütternder ist es, wenn das Böse gar nicht daran denkt, sich am Sonntag auch mal auszuruhen, sondern im Gegenteil zu grauenhafter Hochform aufläuft. So etwa am 17. Juli 1932, als die

NSDAP zu Werbezwecken durch die »rote Hochburg« Altona bei Hamburg marschierte. Als Kommunisten versuchten, die Demonstration zu verhindern, eröffnete die Polizei das Feuer. Es gab achtzehn Tote. Die meisten waren unbeteiligte Zivilisten, die durch Querschläger getötet wurden. Das Ereignis ging als »Altonaer Blutsonntag« in die Annalen ein.

Weitere traurige Sonntagsberühmtheiten: der 30. Januar 1972, als bei einer Demonstration für Bürgerrechte und gegen die Internment-Politik Nordirlands in Londonderry Soldaten auf die Menge feuerten und dreizehn Demonstranten erschossen. Darunter sieben Teenager. Die Armee hatte nach Augenzeugenberichten noch einmal auf Menschen gezielt, die bereits verletzt am Boden lagen. Das Lied *Sunday Bloody Sunday* von U2 bezieht sich auf dieses Trauma der Iren. Jahrzehntelang hatte sich die Armee geweigert, Verantwortung für diese Mordexzesse zu übernehmen. Vielmehr wurde behauptet, die Aktion sei gerechtfertigt gewesen, weil die Soldaten von Demonstranten – Mitgliedern der IRA und anderen katholischen Aktivisten – zuerst beschossen worden wären. Erst achtunddreißig Jahre später klärte der Saville-Ausschuss, dass von den Demonstranten keinerlei Gefährdung ausgegangen war und dass das Vorgehen der Soldaten »durch nichts zu rechtfertigen« gewesen sei. Der britische Premier David Cameron entschuldigte sich im Namen der Regierung und des ganzen Landes für die Bluttat. Auch Litauen führt einen »Blutigen Sonntag« in seinen Geschichtsbüchern: den 13. Januar 1991. Damals waren es sowjetische Soldaten, die vierzehn friedliche Demonstranten erschossen. Mehrere Tausend Menschen wurden verletzt.

Man kann Leid nicht gegen Leid, Unrecht nicht gegen Unrecht aufwiegen. Dennoch hält ein Sonntag eine Sonderstellung unter den Gewaltorgien: der »Blutsonntag von Stanislau« am 12. Oktober 1941. Damals wollten die Nationalsozialisten ein Getto in der galizischen Stadt errichten und dafür die jüdische Bevölkerung systematisch »dezimieren«. Von mehreren Sammelpunkten in der Stadt wurden Juden, die man wahllos festgenommen hatte, in Gruppen von je 250 zum jüdischen Friedhof gebracht und dort am Rand von bereits ausgehobenen Massengräbern ermordet. Unter der Aufsicht von SS-Hauptsturmführer Hans Krüger, der das Gemetzel generalstabsmäßig organisiert hatte. Ein Augenzeuge erinnert sich: »Ich habe ihn persönlich gesehen, wie er, mit einer Wurst in der Hand, oder es kann auch ein Brötchen gewesen sein, und in der anderen Hand eine Pistole, die Menschen erschoss.« In seinem Buch *Nationalsozialistische Judenverfolgung in Ostgalizien 1941–1944* schreibt Dieter Pohl: »Krüger hatte bei der Erschießung seinen eigenen Fotografen dabei. Noch während des Mordens ließ er sich mit einer ›jüdischen Schönheit‹ ablichten, der er an diesem Tag den Tod ersparte.« Man schätzt, dass etwa zwei Drittel der jüdischen Gemeinde, rund 20 000 Menschen, auf das Exekutionsgelände getrieben und dort 12 000 Menschen umgebracht wurden. Nur die frühe Dunkelheit zwang die Schlächter, das Massaker abzubrechen, und rettete so 8000 Juden vorläufig das Leben. Als sie in ihr Stadtviertel zurückkamen, hatten vielfach schon ihre polnischen und ukrainischen Nachbarn ihre Wohnungen übernommen. Das Blutbad gilt heute als Beginn der »Endlösung«, weil erstmals jüdische

Frauen, Kinder und Männer aller Altersstufen massenhaft umgebracht wurden. Hans Krüger lebte nach dem Krieg übrigens zunächst unbehelligt in einer Kleinstadt in Nordrhein-Westfalen. Erst 1962 kam er in Untersuchungshaft und wurde 1968 zu einer lebenslangen Freiheitsstrafe verurteilt. 1986 wurde er aus der Haft entlassen und starb 1988 in Wasserburg am Bodensee.

Kirchensonntage

Das muss man den Kirchen lassen: Sie haben nicht nur die Urheberrechte am Sonntag, sie haben ihn auch ordentlich mit Bedeutung ausgestattet. Und zwar jeden einzelnen. Zweiundfünfzig Mal im Jahr gibt es am siebten Tag einen kleineren, mittleren oder schwergewichtigen Festtag zu begehen. Jeder hat einen eigenen Namen. Darunter solche, für die man auf dem Schulhof vermutlich Prügel beziehen würde: Quinquagesima, der siebte Sonntag vor Ostern etwa. Außerdem ist das Kirchenjahr in unterschiedliche Phasen aufgeteilt. Jede dieser Phasen hat eine eigene Farbe. Den Anfang macht Violett, die Farbe der Adventszeit. Mit ihr startet auch der liturgische Kalender. Genauer gesagt, mit dem ersten Adventssonntag. Die Zeit nach dem Jahreswechsel wird Epiphaniaszeit genannt und beginnt am Dreikönigstag, am 6. Januar, dem Epiphaniasfest, dem »Fest der Erscheinung des Herrn«. Dieser Zeit ist die Farbe Grün zugeordnet. Am Aschermittwoch beginnt eine weitere violette Phase: die Passions- oder Fastenzeit, die bis zum Karsamstag reicht. Passion bedeutet »Leiden« und erinnert an das Leiden und den Tod Jesu. Um mitzufühlen, als Ausdruck von Trauer und Sühne, fasten gläubige Katholiken in dieser Zeit. Nicht die vollen sechsundvierzig Tage, denn wenigstens die Sonntage sind fastenfrei. So kommt man auf vierzig Tage – und auf das erstaunliche Phänomen der Bibel, dass die Vierzig sich wie ein roter Faden durch das Alte wie das Neue Testament zieht. Der Regen der Sintflut dauerte vierzig Tage und vierzig Nächte. Das Volk Israel wanderte nach dem Auszug aus Ägypten vierzig Jahre durch die Wüste, und Moses verbrachte vierzig Tage auf dem Berg Sinai. Die Stadt Ninive hatte vierzig Tage, um ihre Sünden zu bereuen, und auch zwischen Auferstehung und Himmelfahrt lagen laut Lukasevangelium vierzig Tage. Den Grund für diese Häufung sehen Theologen in einer ziemlich komplizierten Zahlensymbolik: Demnach steht die Vier für das Irdische und Vergängliche. Sie symbolisiert außerdem die vier Elemente, die vier Himmelsrichtungen, die vier Lebensphasen Kindheit, Jugend, Erwachsensein und Alter sowie die vier menschlichen Temperamente: Choleriker, Sanguiniker, Phlegmatiker, Melancholiker. Die Zehn wiederum gilt als Zahl des Vollendeten und Ganzen. Sie ist die Summe der ersten vier Ziffern sowie die Anzahl unserer Finger. Und sie ist die Zahl der Zehn Gebote.

Vierzig Tage können ganz schön lang sein, wenn man, wie im Mittelalter in der Fastenzeit üblich, fast nichts essen darf außer drei Bissen Brot und drei Schluck Bier oder Wasser. Der Reformation gefiel diese Art der verordneten Buße ohnehin nicht. Vom Fasten, so schrieb der Schweizer Reformator Huldrych Zwingli, habe Gott kein Wort gesagt. Erst seit Neustem verzichten deshalb Protestanten in der Passionszeit freiwillig auf dies oder das. Auf Zucker, Fleisch, auf das Handy, den Alkohol, auf Kaffee oder Fernsehen. »7 Wochen ohne« nennt sich die Fastenaktion der evangelischen Kirche, die bis Gründonnerstag währt. Am Karsamstag endet dann auch die Passionszeit. Es ist der Tag vor dem absoluten Höhepunkt des Kirchenjahrs. Der ist dann ganz in Weiß gehalten: das Osterfest, die Feier der Kreuzigung und Auferstehung Christi. Ja, auch Kreuzigungen gehören gewürdigt. Vor allem, wenn sie wie Christi Himmelfahrt ein Happy End haben. Dieser Feiertag ist aber kein Sonntag – sondern der Donnerstag vierzig (!) Tage nach Ostern.

Pfingsten ist zehn Tage später und hat die Farbe Rot. Gefeiert werden die Ankunft des Heiligen Geistes und die Überwindung der babylonischen Sprachvielfalt, das Pfingstfest steht also für die Einheit der Christenheit, es wird auch als Gründung der Kirche verstanden. Das nur, falls Ihnen rund um den Feiertag ein TV-Team begegnet und Sie nach der Bedeutung des Fests fragt. Das kommt gar nicht so selten vor, wie man auf YouTube sehen kann. Ganz sicher will man dann nicht wie andere, denen das passiert ist, dort mit Sätzen wie »Irgendwas mit Jesus?« oder »Da ist der Papst geboren?!« oder – immerhin fast richtig – »Oh Gott!« auf ewig als Volltrottel im WWW auf Sendung bleiben.

Nach Pfingsten folgt die sogenannte Trinitatiszeit, die mit dem Trinitatissonntag beginnt, dem Gedenktag der Trinität, also der Dreifaltigkeit Gottes als Vater, Sohn und Heiliger Geist. Eine grüne Phase. Gut, die Wahrscheinlichkeit, dass Sie das jemals von einem Fernsehteam gefragt werden, geht gegen null. Aber Horizonterweiterung schadet ja nie. Deshalb: Die Sonntage von Trinitatis bis zum Ende des Kirchenjahrs werden in der evangelischen Kirche als Sonntage »nach Trinitatis« gezählt. Bei den Katholiken waren sie bis zur Liturgiereform nach dem Zweiten Vatikanischen Konzil die Sonntage nach Pfingsten; seitdem werden sie als »Sonntage im Jahreskreis« bezeichnet. Die Zählweise wird bis zum Ende des Kirchenjahrs, dem Totensonntag oder auch Ewigkeitssonntag im November, durchgehalten. Er ist ein recht junger Feiertag, eingeführt hat ihn König Friedrich Wilhelm III. im Jahr 1816 zum »Gedächtnis der Entschlafenen«, vermutlich um an die Gefallenen der Freiheitskriege gegen Napoleon zu erinnern. Es ist ein protestantischer Feiertag. Katholische Christen begehen das Totengedenken am 2. November, dem Allerseelentag. »Ewig« ist der Sonntag, weil es nicht nur um den Tod, sondern auch um die Hoffnung geht, dass danach noch etwas kommt: Himmel, Auferstehung, ewiges Leben, endlich erfahren, was eigentlich mit all den Socken passiert, die in der Waschmaschine verschwinden, und weshalb Klaus damals in der achten Schluss gemacht hat.

Ewig fühlt sich dieser Tag vor allem für die Jugend an. Er gehört wie unter anderem Karfreitag, Aschermittwoch oder der Heilige Abend zu den sogenannten stillen Tagen. Die Feiertagsgesetze der einzelnen Länder schreiben dafür Einschränkungen vor, um die Würde des Tages mit respektvoller Ruhe zu schützen. Etwa ein Tanzverbot. Und wie das so ist: Sobald man etwas nicht mehr darf, verspürt man sofort einen überwältigenden Drang, genau das zu wollen. Rund um die »stillen Tage« finden in den deutschen Metropolen regelmäßig Tanzdemos statt, bei denen die Verfechter von noch mehr Party mit mobilen Diskotheken lärmend durch die Straßen ziehen. Laut eines alten irischen Volkslieds könnte man auch Jesus Christus unter den Demonstranten vermuten: In *Lord Of The Dance* wird er als Herr des Tanzes besungen. Ob die Richter vom Bundesverfassungsgericht das im Ohr hatten, als sie 2016 entschieden, es müsse auch Ausnahmen von der »Pflicht zur Stille« geben?

Beim Thema Kirchensonntag kann man ein wenig Ruhe durchaus sehr gut brauchen. Für die Konzentration. Denn zu den offiziellen kleinen und großen Feiertagen der Kirchen kommen ja noch die Bezeichnungen, die sich regionalem Brauchtum verdanken. Allein der letzte Sonntag im Karneval hat gleich mehrere Namen. Darunter »feister Sonntag« oder auch »Funken-« oder »Hutzelsonntag«. Der erste Sonntag nach Ostern, der Weiße Sonntag, in der katholischen Kirche seit dem 18. Jahrhundert der Tag für die Erstkommunion, wird auch »fetter« oder »Freudensonntag« genannt. Ja, da fühlt man sich gleich wie auf einer dieser Partys, bei denen einem in zehn Minuten etwa zwanzig neue Menschen vorgestellt werden und man schon nach dem ersten weiß, dass man sich weder diesen noch alle weiteren Namen wird merken können. Und es geht noch komplizierter: Die liturgischen Tage, also die Tage des Kirchenjahrs, haben eine Rangordnung. Die wiederum kennt in der katholischen Kirche drei Kategorien: Hochfeste (Kategorie I), Feste (Kategorie II) und Gedenktage (Kategorie III). Sonntage gibt es in den Rängen I und II. Auf Rang III abgeschlagen residieren die Wochentage. Die drei Ränge sind aber in sich noch einmal in ranghöhere und rangniedrigere Tage unterteilt. Und weil das alles sehr verwirrend ist, gibt es unter katholisch.de ein Verzeichnis. Wäre ja möglich, dass Sie vielleicht für ein erstes Date ein Gesprächsthema brauchen, das Ihnen jede weitere Verabredung erspart.

Muttertag – einmal drücken bitte ...

Am zweiten Sonntag im Mai ist Muttertag, und man fragt sich alle Jahre wieder: Ist sie überhaupt noch zeitgemäß, diese Idee, all das, was mit Kindern zu stemmen ist, sei mit einem Blumenbouquet und/oder einer Schachtel Pralinen, einem selbst geflochtenen Peddigrohrfrüchtekorb ausgeglichen? Vor die Wahl gestellt, am Sonntag etwa anderthalb Stunden darauf zu warten, bis ein Siebenjähriger und sein Vater ein einfaches Frühstück fertig haben, und sich dafür vor Dankbarkeit noch überschlagen zu müssen, oder aber einen garantierten Betreuungsplatz mit flexiblen Öffnungszeiten zu bekommen, würden vermutlich 99,9 Prozent aller Mütter hierzulande sagen: »Ich mach mir das Frühstück selbst, wenn Sie mir dafür den Betreuungsplatz einpacken!« Das war noch völlig anders, als die Amerikanerin Anna Jarvis auf die Idee kam, einen Sonntag im Jahr den Müttern zu widmen. Als Erinnerung an ihre Mutter Anna Reeves Jarvis. Die Frau eines Methodistenpfarrers hatte bereits Mitte des 19. Jahrhunderts »Mother's Day Work Clubs« initiiert, um gemeinsam mit anderen Müttern gegen die erschreckende Kindersterblichkeit ihrer Gemeinde und für verbesserte Hygienestandards zu kämpfen. Aus eigener trauriger Erfahrung, denn von den dreizehn Kindern, die Anna Reeves Jarvis geboren hatte, erreichten nur vier das Erwachsenenalter. Nachdem Anna Reeves Jarvis an einem zweiten Sonntag im Mai 1905 gestorben war, wollte ihre Tochter Anna Jarvis als Würdigung ihrer und überhaupt aller Mütter nun ihrerseits einen »Mother's Day« ins Leben rufen. Sie schrieb Hunderte von Briefen an Politiker, Geschäftsleute, Frauenverbände und andere einflussreiche Personen und Institutionen, in denen sie für ihr Herzensprojekt um Unterstützung bat. Mit Erfolg: Am 8. Mai 1914 wurde der zweite Sonntag im Mai von US-Präsident Wilson offiziell zum nationalen Feiertag erklärt, und bald mauserte er sich auch in Deutschland zum einträglichen Festtag für Blumenhandel und Kaffeeröster.

Anna Jarvis selbst fand den ganzen Rummel und die Kommerzialisierung des Feiertags bald unerträglich. Ihr Kommentar zu den Geistern, die sie gerufen hatte, war ebenso harsch wie vernichtend: »Eine vorgedruckte Karte bedeutet nichts anderes, als dass du zu faul bist, der Frau zu schreiben, die mehr für dich getan hat als jeder andere auf der Welt. Und Süßigkeiten! Du nimmst eine Schachtel mit zu deiner Mutter – und dann isst du das meiste selbst.« Am Ende gab Anna Jarvis ihre gesamte Familienerbschaft dafür aus, den Muttertag wieder aus dem Jahresprogramm zu nehmen. Doch der war nicht mehr aufzuhalten. Die optimale Gelegenheit, wenigstens ein Mal im Jahr etwas gegen das schlechte Gewissen zu tun und die moralische Bilanz mit einem Blumenstrauß für die nächsten zwölf Monate als ausgeglichen zu betrachten, hatte längst zu viele einflussreiche Fans: alle Männer, die eigentlich täglich »Danke!« sagen müssten.

Schwarzer Sonntag

Der Fairness halber muss man sagen, dass sich bislang jeder Wochentag schon einmal als tiefschwarz erwiesen hat. So ging der 27. Oktober 1962 als »Schwarzer Samstag« in die Geschichte ein, weil an diesem Tag die Kubakrise eskalierte und die Welt am Rande eines Atomkriegs stand. Der 24. Oktober 1929 war der Auftakt zum großen Börsencrash und heißt seitdem »Black Thursday«. Einen »Schwarzen Donnerstag« haben seit dem 30. September 2010 auch die Stuttgarter. Damals ging die Polizei bei der Räumung des Schlossgartens mit unverhältnismäßiger Härte gegen Stuttgart-21-Gegner vor. Es gab Hunderte Verletzte, einige davon schwer. In Großbritannien qualifizierte sich der 16. September 1992 wegen der Pfundkrise als »Schwarzer Mittwoch«, und in der Türkei gilt der 2. Juli 1993 als »Schwarzer Freitag«, seit ein islamistischer Mob in Sivas bei einem Brandanschlag siebenunddreißig Aleviten ermordete.

Aber es gibt eben auch eine lange Liste von »Schwarzen Sonntagen«. Der älteste ist vermutlich der Sonntag Judica, der fünfte Sonntag der vierzigtägigen Fastenzeit und der zweite Sonntag vor Ostern, der auch Passionssonntag genannt wird. An diesem Sonntag werden traditionell Triptychen und Flügelaltäre zugeklappt und die Kreuze in den Kirchen mit violetten, also dunklen Tüchern verhüllt. Schwarz wird der Sonntag durch die Kleidung, die die Diener Gottes und die Gläubigen an diesem Tag anlegen, um die Leiden Christi zu würdigen. Wortwörtlich schwarz war auch der Sonntag des 14. April 1935 in den

Great Plains im amerikanischen Westen. Damals ereignete sich dort ein sogenannter Black Blizzard, einer der schlimmsten Staubstürme in der Geschichte der USA, der dreihundert Millionen Tonnen Mutterboden verwirbelte. Es gab viele Tote und als Folge große Abwanderungen in andere Regionen. Ein gehäuftes Vorkommen von Schwarzen Sonntagen gibt es aber vor allem in der Kultur. Thomas Harris schrieb einen amerikanischen Agententhriller mit dem Titel; er wurde im Jahr 1977 von John Frankenheimer verfilmt. *Black Sunday* hießen außerdem eine *Kojak*-Folge, ein Song von Jethro Tull und ein Album der amerikanischen Hip-Hop-Gruppe Cypriss Hill. Natürlich kennt auch der Sport eine ganze Reihe Schwarzer Sonntage und teilt somit die Erfahrung von Fußballer Jürgen »Kobra« Wegmann: »Erst hatten wir kein Glück, und dann kam auch noch Pech dazu.«

Wahlsonntage

Eigentlich logisch: Am besten legt man eine Wahl ja wohl auf den Tag, an dem alle freihaben. Wenn sich der Wahlgang über den ganzen Tag verteilt und man nicht noch nach der Arbeit seinen wohlverdienten Feierabend in langen Schlangen vor den Wahllokalen opfern muss, denn dann würde die Sache mit der Demokratie wohl an diesem organisatorischen Problem scheitern. Das hat die Nationalversammlung vermutlich so ähnlich gesehen, als sie 1919 das allgemeine Wahlrecht für alle zum Gegenstand der Weimarer Verfassung machte. Dort hieß es auch: »Der Wahltag muß ein Sonntag oder öffentlicher

Ruhetag sein. Das Nähere bestimmt das Reichswahlgesetz.« Später bestimmte Paragraf 16 des Bundeswahlgesetzes den Sonntag als Wahltag.

Auch in den meisten EU-Ländern wird sonntags gewählt. Mit Ausnahmen: Italien etwa wählt an einem Sonntag und dem darauffolgenden Montag; die Niederlande mittwochs und Großbritannien donnerstags. Auch in den USA hat man sich zu einem Wochentag durchgerungen. Dort finden die Kongress- und Präsidentschaftswahlen seit 1845 an einem Dienstag statt. Um genau zu sein: am ersten Dienstag nach dem ersten Montag im November. So erstaunlich das klingen mag, es war unter 365 Möglichkeiten tatsächlich der einzige Tag, der nach reiflichen Überlegungen übrig blieb. Als man ihn festlegte, lebten die Amerikaner noch vorwiegend von der Landwirtschaft. Also musste der Wahltag so liegen, dass die Ernte bereits eingefahren war, aber der Winter noch nicht begonnen hatte. Er hätte die Anreise zu den Wahllokalen in den jeweiligen Bezirkshauptstädten erschwert. Ein Sonntag kam für die Tiefgläubigen nicht infrage, weder für die Wahl selbst noch für die Anreise zur Wahl. Der Donnerstag wurde gar nicht ernsthaft in Erwägung gezogen, denn da wählten schon die Briten, und man wollte keinesfalls irgendwas tun, was die auch taten. Freitag ging auch nicht: Da musste man sich auf den Markt am Samstag vorbereiten. Blieben noch der Dienstag und der Mittwoch. Warum es der Dienstag wurde, bleibt im Dunkeln der Geschichte. Ebenso, weshalb man eigentlich an diesem unpraktischen Datum festhält, das noch aus einer Ära stammt, in der weder Frauen noch Schwarze wählen durften. Man kann nur spekulieren, ob die Wahlbeteiligung, die mit circa sechzig Prozent stets legendär niedrig ausfällt, an einem Sonntag nicht deutlich höher wäre. Sicher ist, dass nicht nur Donald Trump, sondern auch der Gesetzgeber in den USA offenbar sehr an den vermeintlich guten alten Zeiten hängt. Anders ist nicht zu erklären, weshalb etwa Frauen in Vermont eine schriftliche Erlaubnis ihrer Ehemänner benötigen, um sich künstliche Zähne machen zu lassen, oder warum es in Alabama Frauen verboten ist, Sexspielzeug zu besitzen.

5 Der Sonntag – ein Mannschaftssport

»Als der Teufel nicht mehr wusste,
wie gegen das Evangelium ankommen,
hat er den Sport aufgebracht und sich gesagt:
Damit nehme ich ihnen den Sonntag,
und damit habe ich sie…
Ach, er hat nur zu gut spekuliert.«
Albert Schweitzer

Fußballliebe

Es könnte auch Axtweitwurf sein oder Ausdruckstanz, Minigolf oder Polo. Aber es ist qua demokratischer Abstimmung mit den Füßen nun mal Fußball geworden: der andere Gott, dem am Wochenende gehuldigt wird. Ich war vierzehn, als ich ihm das erste Mal begegnete. Aus Verzweiflung. Mein Vater hatte sich vorgenommen, mir frühestens dann Ausgang nach zwanzig Uhr zu gewähren, wenn der Mars besiedelt ist. Die Spiele der B-Jugend des örtlichen Fußballvereins am Sonntagnachmittag, zu denen mich eine Freundin mitnahm, erschienen da wie eine Offenbarung: zweiundzwanzig Jungs, davon elf aus der unmittelbaren Nachbarschaft und elf wenigstens aus dem Landkreis. Keine weibliche Konkurrenz, außer den

paar Spielermüttern, die den aufstrebenden Fußballnach-
wuchs zu den Auswärtsspielen und manchmal auch in
die Notaufnahme der nächsten Krankenhäuser chauffier-
ten, die frisch gewaschenen Trikots zuteilten, die Salate
und Kuchen beisteuerten. Ich dagegen hatte weiter nichts
zu tun, als mich in einen der Spieler zu verlieben und, so
hormonell befeuert, regelmäßig *Sportschau* zu schauen,
die Radiokonferenz zu hören und neben den Latein-
vokabeln nun auch noch die Bundesligatabelle zu pau-
ken. Die Beziehung hielt ausreichend lange, um festzustellen, dass Väter gewaltig irren, wenn sie glauben, dass
man bloß Samstagabend und erst nach Anbruch der
Dunkelheit geküsst werden kann. Aber auch: dass der
Fußball der eigentliche Beherrscher des Wochenendes ist.
Und dass man besser nie, wirklich nie fragen sollte: Was
ist dir wichtiger? Werder Bremen oder ich?

Meine nächste große Liebe war ein hoffnungsfrohes
Talent aus der ersten Mannschaft der Nachbargemeinde.
Er studierte Soziologie, sah blendend aus und war ein so
exzellenter Fußballer, dass er bereits etwas Geld damit
verdiente. Dafür wurde einiges erwartet. Zweimal die
Woche musste er zum Training. Freitag rief der Coach
um zwanzig Uhr an, um ihn daran zu erinnern, dass er
bis spätestens zweiundzwanzig Uhr im Bett zu liegen habe.
Am besten allein. Samstag oder Sonntag spielte er, wenn
Turniere stattfanden, auch an beiden Tagen. War einmal
spielfrei, ruhte die Fußballleidenschaft nicht etwa. Die so
Unersättliche wurde mit Besuchen in der Frankfurter
Commerzbank-Arena genährt, die damals noch Waldsta-
dion hieß, oder vor dem Radio, um die Bundesliga zu
verfolgen. Selbstverständlich mussten die diversen Spiel-

verläufe mit dem besten Freund telefonisch episch durchgesprochen werden. Später folgte die *Sportschau* und danach ein Kneipenbesuch mit dem nunmehr dritten Verdauungsvorgang eines Spieltags: die Analyse mit den Kumpels. Am Montag wurde das Ganze schließlich noch einmal mit der Sportberichterstattung der Tageszeitung vertieft. Was erklärt, weshalb Männer Hochzeitstage, Geburtstage vergessen und sogar, ihre eigenen Kinder aus der Kita abzuholen, aber niemals alle vierundfünfzig Trainerstationen von Rudi Gutendorf oder die Bundesligatabelle vom 12.11.1977. Trotzdem blieben wir fünf Jahre zusammen. Aus ihm ist dann doch kein Profi geworden. Ein Fan ist er geblieben.

Ebenso wie der Mann, mit dem ich mittlerweile fünf Fußballwelt- und -europameisterschaften verbracht habe. Als ich ihn kennenlernte, hatte er spielerisch bereits das Gröbste hinter sich und trat »bloß« noch bei den »Alten Herren« an. Eine Art sportlicher Resterampe für die, die einfach nicht aufhören können, egal, wie laut ihre Gelenke um Gnade winseln. Manche Spieler hatten sich für ihre Auftritte auf dem Hartplatz so gründlich mit Bandagen umwickelt, dass es aussah, als würde Tutanchamun gegen die SG Riederwald antreten. Irgendwann löste sich die Mannschaft aus Altergründen auf (es wäre zu teuer geworden, ein Sauerstoffzelt und einen Orthopäden zu bevorraten), aber es gab gleich neue Betätigungsfelder. In einem Verein ist ja immer etwas zu tun. Mein Mann telefonierte nun am Wochenende eine Weile sämtliche Spieler der A-Jugend durch, um sie daran zu erinnern, dass sie auch dieses, wie jedes Wochenende zuvor wieder Fußball spielen werden. Er organisierte die Fahrten zu den Auswärtsspielen. Er sammelte die verschwitzten Trikots ein und übergab sie zum Waschen an Frauen, die nicht so schnell »auf keinen Fall!« gesagt hatten wie ich. Er schrieb die Spielberichte, musste also zwingend bei jeder Begegnung dabei sein. Außerdem bei den Vereinssitzungen, bei der Weihnachtsfeier und den Sommerfesten, die selbstverständlich am Sonntag stattfanden. Ich sah dort Dinge, von denen ich vorher nicht wusste, dass sie existieren. Dass man sie kaufen kann. Dass es Menschen gibt, die dafür Geld bezahlen und es dann in aller Öffentlichkeit präsentieren. So wie die Grillschürze mit dem XXL-Stoffpenis in 3-D, der jedes Mal wippte, als wolle er einem zuwinken, wenn der Vereinsvorstand und Grillmeister einem ein Würstchen reichte.

Fußballmütter

Ja, der Fußball hat das Wochenende selbst für jene fest im Griff, die weder Stollenschuhe noch Schienbeinschoner tragen und bei »Derby« schon mal fragen: »Und wo bleiben die Pferde?« Das gilt für Co-Abhängige an der Seite eines Aktiven oder eines Fans wie mich, aber auch für die Mütter hoffnungsvoller Nachwuchstalente, die an den Wochenenden die Hartplätze der Republik bereisen. Für die der Trainer die Wochenendplanung übernimmt und die manchmal am Donnerstag noch nicht wissen, ob sie am Samstag Hochzeitstag feiern können, weil der Spielplan noch nicht vorliegt. Es kann durchaus sein, dass sie nicht in einem Restaurant vor schön gefalteten Stoffservietten und teurem Porzellan sitzen, sondern bei einem mehrstündigen Turnier am Spielfeldrand hocken. In Finten oder Bretzenheim, Britz oder Lichtenberg – Orte, an die man nie gekommen wäre, hätte das Kind nicht seine Begeisterung für den Fußball entdeckt. Man reist natürlich mit dem Auto an. Anders ist der Transport des dringend benötigten Equipments nicht zu stemmen: Wasserflaschen, Heftpflaster, Notfalltropfen, Ersatzkleidung, Toilettenpapier, Desinfektionsspray, Obst, Müsliriegel, Handtücher. Außerdem sollte man über das Trostrepertoire eines Bestatters, die Gelassenheit eines tibetanischen Mönchs und das medizinische Wissen eines Notfallsanitäters verfügen. Ein Einsatz, der sich bei allein 2,2 Millionen Jugendlichen, die unter dem Dach des DFB kicken, läppert. Zählt man die Mütter von Nachwuchskräften anderer Nationen dazu, hätte man den weltweit größten Verein überhaupt.

Fußballmütter sind wie Schnupfen: Es gibt sie überall. Die amerikanische Sektion nennt sich »Soccer Mom« und beschreibt einen eigenen Typus. Frauen, die in Vororten leben und einen beträchtlichen Teil ihrer Zeit damit verbringen, ihre Kinder zum Sport zu fahren, in T-Shirts, auf denen steht »Ich habe kein Leben. Mein Kind spielt Fußball«. In Kanada wird dasselbe Phänomen mit »Hockey-Mom« umschrieben, ohne auf Hockey beschränkt zu sein. Es handelt sich vielmehr um das universelle Sonntagsphänomen: dass das ganze Vereinsleben und damit der Profisport auf diesem Planeten zum Erliegen käme, würden Frauen sonntags sagen: »Ach, ich bleibe doch lieber daheim und auf dem Sofa!« Anstatt um sieben Uhr aufzustehen, den Kuchen zu backen, den man versprochen hat, zum Turnier mitzubringen, die Sporttasche des Vierzehnjährigen oder der Achtjährigen zu packen (nur um sicherzugehen, dass wirklich frische Klamotten drin sind und nicht die vom letzten Wochenende) und loszufahren, um – mit Glück – zum *Tatort* wieder daheim zu sein. Dabei ist der Nachwuchs nicht mal angemessen ergriffen von all der Fürsorge. Vor allem die dreißig stadtbekannten Hooligans des brasilianischen Sport Club do Recife hätten sicher sehr gern auf die mütterliche Aufsicht verzichtet. Eine Werbeagentur war auf die geniale Idee gekommen, ausgerechnet die Mütter der Randalierer bei dem traditionell heiklen Derby gegen den Stadtrivalen Náutico Capibaribe als Aufseherinnen einzusetzen. Sie hatten dafür eigens eine Security-Blitzausbildung erhalten und leuchtend orange Sicherheitswesten mit der Aufschrift: »Segurança Mãe« – »Sicherheitsdienst Mama«. Am Ende gewann Recife den Stadt-Clasico eins zu null. Und natürlich die Mütter: Es gab nämlich erstmals seit vielen Jahren keine Ausschreitungen. Nicht mal eine Ohrfeige war nötig, um die Krawallmacher zur Räson zu bringen. Und der Lohn für all die mütterliche Gratis-Sonntagsarbeit? Der DFB lobte schon mal die »Idealistinnen des Wortes wahrster Bedeutung« als »Urzelle der sportlichen Gemeinschaft«, als Lebenselixiere des Vereinslebens. Und mancher Kicker widmete seiner Mutter ein Traumtor. So wie Roger Stilz vom Regionalligisten SC Victoria, der für seine Mannschaft in der 93. Minute aus fünfundzwanzig Metern Entfernung das Siegestor gegen den Oberligisten FC Elmshorn schoss. Auch Hoffenheim-Spieler Kerem Demirbay traf ganz öffentlich für seine Mutter. Und am Muttertag 2015 revanchierten sich gleich sämtliche Spieler von Ajax Amsterdam. Zum letzten Heimspiel der Saison gegen den SC Cambuur Leeuwarden lud der Verein alle siebenundzwanzig Spielermütter ein. Wenn nötig, wurde sogar die Anreise aus dem Ausland bezahlt. Zunächst ging es zum gemeinsamen Brunch, natürlich mit Herzballons. Danach fuhr man ins Stadion, wo die Spieler an der Hand ihrer größten Fans einliefen.

Du sollst den Fußball über alles lieben

Das Wochenende spendiert die Gelegenheit, der Fußball macht was draus: Er bringt die Menschen nicht nur aus Haus und Häuschen. Er knüpft auch Beziehungen gerade zwischen jenen, die sich sonst schwertun mit all der Emotionalität, die das Lieben und Mögen so im Gepäck hat. Mein Mann erinnert sich gern daran, wie er mit seinem Vater am Samstag die Radiokonferenz verfolgte, während immer irgendwas am – natürlich an den Wochenenden – selbst gebauten Haus, am großen Nutzgarten verbessert, repariert, erweitert werden musste. Unter der Woche war der Vater als Maurer auswärts auf Montage, am Wochenende oft dauergestresst und dauergereizt. Fußball blieb lange der einzige gemeinsame Nenner zwischen Vater und Sohn. Umso wertvoller, wenigstens das teilen zu können. Überhaupt gilt Fußball gemeinsam zu zelebrieren als das »Hochamt des Vaterseins«, so das Fußballmagazin *11 Freunde*. Walter Jens etwa erinnerte sich in der Anthologie *Netzer kam aus der Tiefe* daran, wie er in den 1930er-Jahren als Zehn- oder Zwölfjähriger in Hamburg mit seinem Vater ins Stadion zum TV Eimsbüttel ging; die Spieler Eimsbütteler Kinder: »Man kannte sie aus der Jugendmannschaft, hatte ihnen zugeschaut, Sonntagmorgen in der Hoheluftchaussee oder auf einem Grandplatz, mal Martinistraße, mal Weidenallee.« Und er beschreibt »die große Traurigkeit« nach dem Spiel, »wenn wieder ein Sonntag vorbei war«. Viel später erzählte Nick Hornby mit dem Weltbestseller *Fever Pitch* eine modernere Version des Klassikers von der Grundsteinlegung einer Vater-Sohn-Beziehung im Stadion von Arsenal London, aber auch von der lebenslangen Bindung zu einem Verein.

»Religion ist alles, was man dafür hält«, hat der Bochumer Historiker Lucian Hölscher einmal aus historischer Perspektive ein Kriterium aufgestellt, das den Fußball ganz klar als solche auszeichnet. Mit allem, was dazugehört. Schon das Wort »Fan« leitet sich ursprünglich von »fanaticus« ab, was so viel bedeutet wie »religiös schwärmerisch, von der Gottheit ergriffen«. Dann das Erweckungserlebnis, das Herausgehobensein aus dem Alltag, das Zusammenkommen in großen Gemeinschaften, um dem jeweiligen Verein zu huldigen. Man betet, dass er doch dieses eine Mal wenigstens gewinnen wird. Dazu werden in Kutten (!), Westen mit Aufnähern des entsprechenden Vereins, Lieder intoniert, so inbrünstig, wie man es von Seelenverwandten des Kirchenchorals erwarten kann. Nicht zu vergessen die Wunder, die laut Trainerlegende Jupp Heynckes beim Fußball »in schöner Regelmäßigkeit« geschehen. Eine Einschätzung, die suggeriert, dass es sich durchaus lohnen könnte, ein noch höheres Wesen als den Trainer oder Schiedsrichter anzurufen. Dieser Ansicht sind vor allem Mannschaften aus Südeuropa und Lateinamerika. Dort bekreuzigen sich die Spieler, bevor sie den Platz betreten. Dort glaubt nicht nur Maradona, dass Gott höchstselbst ihm die Hand führte, als er während der Weltmeisterschaft 1986 beim Spiel Argentinien – England in Mexiko-Stadt damit ein irreguläres Tor erzielte. Übrigens an einem Sonntag. Naheliegend, da gleich eine ganze Maradona-Kirche zu gründen. Jedenfalls für die beiden Fußballfans Hernán Amez und Héctor Campomarin. Die »Iglesia Maradoniana – La Mano de DioS« (spanisch für Maradona-Kirche – Die Hand Gottes, die Buchstaben-Zahlen-Kombination DioS steht für Díos, das spanische Wort für Gott, und Maradonas Rückennummer). Selbstverständlich gibt es auch zehn Gebote. Darunter »Du sollst die Wunder des Diego im ganzen Universum verbreiten«, »Du sollst den Fußball über alles lieben« oder »Der Ball soll nicht befleckt werden«. Der Heilige Abend findet hier am 29. Oktober statt, am Abend vor dem Geburtstag von Diego Maradona. Der kam 1960 auf die Welt, und so befinden wir uns nach der offiziellen Zeitrechnung der Maradona-Kirche 2019 im Jahr 59. Bei der letzten Zählung hatte sie immerhin 40 000 Mitglieder.

Für die Fans ist Fußball wie der Sonntag »das ganz andere« zum Alltag. Ebenso wie für die Fans von American Football, Basketball, Baseball oder Hockey. Glaubensrichtungen, die von Millionen so leidenschaftlich zelebriert werden, dass die Übergänge zwischen dieser Religion und den Kirchen schon mal sehr fließend werden können. Oder, wie der amerikanische Geistliche Norman Vincent Peale einmal sagte: Würde Jesus heute leben, wäre er beim Super Bowl. Die »seelische Erhebung«, die das Grundgesetz dem Sonntag ins Programm geschrieben hat, findet ja heute vor allem in den Stadien statt. Dabei erreichen etwa die Fernsehübertragungen weltweit ähnliche Zuschauerbeteiligungen wie das päpstliche »urbi et orbi«. So schauen bei den Finals der Weltmeisterschaften im Männer- wie im Frauenfußball mehr als 300 Millionen Menschen zu. Beim Super Bowl der US-Football-Liga NFL sollen es weltweit sogar 800 Millionen sein. Der ICC Cricket-World-Cup bringt gleich eine ganze Milliarde Fans ans Fernsehen, Radio, ins Stadion oder ins Internet. Der große Preis von Monaco der Formel 1 noch bis zu 70 Millionen.

Das Runde im Eckigen

Aufmerksamkeit ist das Öl des dritten Jahrtausends, und nie sprudelt die wertvollste Ressource überhaupt so üppig wie am Wochenende. Auch deshalb stimmt nicht, was die Wirtschaft mit der Unverdrossenheit von Shoppingkanälen predigt: dass der Sonntag eine ökonomische Katastrophe sei. Allein beim Super Bowl spülen dreißig Sekunden Werbezeit rund fünf Millionen Dollar in die Kasse, und für die Fernsehrechte bekam etwa der FC Bayern München zuletzt rund zweiundvierzig Millionen Euro. Dabei ist nicht nur entscheidend, was frei nach Trainerlegende Alfred »Adi« Preißler »aufm Platz« passiert, sondern auch: wann es passiert. Traditionell gehörte der Sonntagnachmittag nämlich einmal dem Amateurfußball, war der Deal, dass sich die Bundesliga vor allem am Samstag austobt, damit am Sonntag genug Aufmerksamkeit, Zuschauer,

Aktive und Energie für die kleinen Vereine übrig bleiben. Schon der erste Spieltag der neu gegründeten Bundesliga am 24. August 1963 war ein Samstag. In den ersten vier Jahren spielte man zwar auch mal Montag, Dienstag, Mittwoch, Donnerstag oder Freitag. Aber in der Saison 1967/68 wurde vom DFB die Regelanstoßzeit auf 15:30 Uhr am Samstag festgelegt. Die Idee: Man wollte den Fans ausreichend Gelegenheit geben, die großen Spiele zu sehen und auch zu den Auswärtsspielen anreisen zu können. Freitags wurde weiterhin gespielt. Aber da sollten vor allem Mannschaften gegeneinander antreten, die nicht zu weit voneinander beheimatet waren, damit die Fans die Anfahrt bewältigen können. Eine Chronologie, die sich tief in die Fan-DNA schrieb und etwa in der Hymne von Werder Bremen noch immer gewürdigt wird: »Samstags um halb vier / bist du mein ganzes Leben / ich gehör zu dir / was kann es Schöneres geben …« Ein perfektes Timing. Am Samstag konnte man nach den Heimspielen locker zwischen 18 und 20 Uhr wieder vor dem Fernseher daheim oder in der Kneipe sein, um sich bei Mr Sportschau Ernst Huberty oder den anderen Moderatoren der ersten Stunde, Adolf »Adi« Furler, Günter Siefahrt, Dieter Adler, Sammy Drechsel, Herbert Zimmermann, Heinz Eil, Rolf Kramer, Gerd Krämer, Harry Valerien oder Oskar Klose einen Überblick über den Spieltag zu verschaffen. Wobei anfangs längst nicht von allen Spielen Ausschnitte gezeigt wurden.

Ausgerechnet der DFB betrachtete die Idee der Fernsehübertragung anfangs mit Skepsis. Man fürchtete, dass bald niemand mehr in die Stadien kommen würde, könnte man von daheim aus überall dabei sein. Nicht nur deshalb blieben drei Spitzenspiele pro Sendung das Maximum. Es gab auch Transportprobleme: Irgendwie musste man in der kurzen Zeit zwischen Sendung und Abpfiff das Filmmaterial ins Studio schaffen. Meist mit Motorrad. Je kürzer der Weg, umso größer die Chance, dass die Begegnungen gezeigt wurden. Ein Umstand, dem es der 1. FC Köln verdankt, dass seine Spiele überproportional oft im Fernsehen liefen – sein Stadion lag in der Nähe der Redaktion. Auch sonntags gab es eine *Sportschau,* aber die war allen anderen Sportarten vorbehalten. Ende der 1980er-Jahre begann sich das Privatfernsehen für die nun zunehmend teuren Rechte an den Übertragungen zu interessieren. 1992 ging Sat1 mit *ran* und den exklusiven Erstausstrahlungsrechten für alle Spiele an den Start. Damit begann, was die Fans Spieltagzerstückelung nennen: das Bemühen, möglichst viele Spiele ins Fernsehen zu bringen, weil dort die meisten Gelder fließen. Wurden 1965/66 noch umgerechnet 330 000 Euro an die Clubs gezahlt, gingen zuletzt 1,08 Milliarden Euro an die sechsunddreißig Vereine der 1. und 2. Bundesliga. Dabei gilt die Faustregel: Je mehr Spiele gezeigt werden, desto üppiger der Geldfluss. Mit einem »sonntags nie!«, wie es der damalige DFB-Präsident Egidius Braun einst noch versprochen hatte, kommt man da nicht mehr über die Runden. Deshalb gibt es schon seit Jahren immer mehr Sonntagspartien. Erst führte man das 17:30-Uhr-Spiel ein und dann auch noch den 15:30-Uhr-Anpfiff – und damit einen Dolchstoß für den Amateurfußball aus der Kreisklasse. Die Sonntagsspiele kratzen nun an seiner Existenzgrundlage, okkupieren Aufmerksamkeit und ihre ökonomischen Synonyme: Monatsbeiträge, Getränkeverkauf, Eintrittspreise. Nun muss man sich entscheiden: Würstchen am Hartplatz oder Topspiel im Wohnzimmer? Und immer öfter zieht das Würstchen den Kürzeren. So bei Westfalia Herne. Innerhalb eines Jahres nach Einführung der Sonntagsspiele der Bundesliga verlor der Verein mehr als die Hälfte der Zuschauer und damit rund 8000 Euro im Monat. Seitdem steht er dauerhaft mit einem Stollenschuh in der Pleite. Ja, man muss sonntags nun auch für den Fußball beten. Und man kann: Immer mal wieder bieten die Kirchen auch Fußballgottesdienste an, um gleich beiden Göttern zu huldigen. Ein »Christliches Fußballer Netzwerk« (CFN) hat sich die Versöhnung der beiden Welten zur selbst gesetzten Aufgabe gemacht. Man will »auch im Glauben am Ball bleiben« können und vermitteln: »Christliche Werte sind auch Fußballwerte.« Zumindest erlebt man im Fußball, wie selbstlos Männer lieben können und dass der Sonntag einem gerade »aufm Platz« sehr viel heiliger sein kann als an jedem anderen Ort.

6 Sonntagsstaat

»Jeder Mensch sollte einen Smoking tragen.
Außer am Sonntag.
Da entspannt man sich von der Arbeit,
da ist Urlaub, da trägt man einen Anzug.«
Tony Bennett

Gestern in einem Berliner Café: Eine Familie mit zwei Kindern sitzt beim Brunch. Wäre da nicht das üppige Büfett, würde man an nichts erkennen, dass heute Sonntag ist. Alle sind wie alle gekleidet und wie sonst: leger, bequem mit Sneakers, Birkenstockschuhen, mit Shirts, Jeans, Cargohosen, Bermudas, Hoodies und kurzärmligen Hemden. Wie allerorten in Deutschland wird der Tag des Nichtstuns in sportlichen Klamotten begangen. Selbst wenn die einzige Aktivität des Tages darin besteht, zwischen Büfett und Tisch hin- und herzugehen. Nicht die einzige textile Ironie. Die zweite besteht darin, dass laut einer Greenpeace-Umfrage jeder Deutsche im Durchschnitt fünfundneunzig Kleidungsstücke besitzt und sechzig Prozent mehr Klamotten kauft als noch vor fünfzehn Jahren. Trotzdem hat vermutlich niemand mehr ein ausgewiesenes Sonntagskleid in seinem Repertoire. Und sicher auch kein Nachmittagskleid, die spielerische Variante der Klamotte für besondere Gelegenheiten. Überhaupt verhält es sich mit dem überwiegend größten Teil der Kleidung wie mit neunzig Prozent aller Lebensmittel, die man in den Einkaufswagen von Supermarktkunden sieht: Sie sind in ihrer Unbestimmtheit keinem besonderen Anlass mehr zuzuordnen. Ausgenommen die grellbunten Lycraleibchen der Radfahrer am Nebentisch. Sie kommen vermutlich dem, was man früher einmal unter Sonntagsstaat verstand, insofern noch am nächsten, als sie vor allem am Sonntag getragen werden. Dass die Trikots wegen der Nanosekunden mehr, die jedes Spurenelement von Textil weniger bringt, nichts verbergen, also wirklich nichts, hebt den Unterschied wieder auf. Undenkbar, dass ein Sonntagskleid so privat geworden wäre. Es war vielmehr seine Natur, förmlich, verschlossen, geradezu staatstragend zu sein.

Eine wahre Pracht

Tatsächlich teilt der »Sonntagsstaat« mit dem Staat eine gemeinsame Wurzel: das lateinische »status« für »stehen«. »Staat« kam als Ausdruck für »Stand des Vermögens« in die deutsche Sprache und entwickelte sich zu der Bedeutung »Prunk« oder auch »Pracht«, die dann auch in den »Sonntagsstaat« einfloss. Mit seinem Sonntagsstaat dokumentierte man ja durchaus seinen gesellschaftlichen Status – je nach Ausgangslage den erhofften oder den tatsächlichen. Und weil Kleider Leute machten, ließ sich über die Klamotte ordentlich protzen. Nicht nur, was den materiellen Wert anbelangte und daraus abgeleitet den

Wohlstand seiner Träger. Mit dem Sonntagskleid oder dem Sonntagsanzug wurden auch hausfrauliche Kompetenzen ausgeführt: wie gut frau handarbeiten, nähen, dekorieren konnte. Man demonstrierte damit außerdem Autorität, Charakterstärke, Tugendhaftigkeit, Würde und dass man es sich leisten konnte, wenigstens einen Tag lang nicht zu arbeiten. Ein ordentlicher Sonntagsstaat hatte ja blitzsauber, frisch gestärkt und überhaupt frei von jedweden Spuren körperlicher Aktivitäten wie etwa Schweißrändern oder Flecken zu sein. Unter der Woche wurde das Sonntagskleid sorgsam aufbewahrt, geschützt und gepflegt. Man besaß ja oft nur dieses eine und trug es praktisch lebenslang zum Kirchgang, zu Festen, zu Taufen ebenso wie zu Beerdigungen, auch der eigenen. Die Frauen der Mittel- und Unterschicht heirateten sogar darin. In Schwarz, der gängigen Farbe für ein Sonntagskleid. Dunkle Kleider waren nicht so empfindlich, konnten eher auch mal unauffällig ausgebessert werden und trotzten dem Gilb. Weiß dagegen war bis in die 1920er-Jahre ausschließlich dem Adel und der Obersicht vorbehalten, eine Tradition, die laut Brautkleidgeschichte bei der Hochzeit von Maria de' Medici mit Heinrich IV. ihren Anfang genommen hatte. Die fünfundzwanzigjährige Braut gab dem siebenundvierzigjährigen Bräutigam damals angeblich in einem weißen beziehungsweise eierschalenfarbenen Seidenkleid das Eheversprechen. Ein Luxus, den sich nur leisten konnte, wer genug Vermögen für viele Kleider und einiges Personal hatte, das die ganze Pracht in Ordnung hielt.

Eine besondere Form des Sonntagskleids brachte das Landleben hervor. Trachten stellten abseits der Städte

eine Art regionalspezifische Uniform und frühen Perso-
nalausweis dar. In vielen kleinen Details, in Schnitt, Stoff-
wahl, in Farben und Formen wurden wichtige Informationen über das Vermögen, den Rang, das Alter, den
Familienstand seiner Träger vermittelt. Wichtig, weil man
ja meist nur den Sonntag und da oft bloß die Gottes-
dienststunden hatte, um andere Menschen zu sehen als
die Familie. Man stellte nicht nur aus, wer man war, sondern auch seinen Beziehungsstatus: ledig, verwitwet,
frisch verheiratet. Besonders beredt: die Schwälmer
Tracht aus Nordhessen. Jedes ihrer zahllosen Einzelteile
funktioniert wie ein Alphabet. Mit beachtlichen Aus-
drucksmöglichkeiten, wie die Aussteuer einer Braut aus
dem Jahr 1941 belegt: »38 Hemden, 75 Rücke, 25 Schür-
zen, 40 Paar Strümpfe, 16 Paar Stumpfbänder, 24 Mieder,
15 Jacken, 10 Paar Handschuhe, 37 Hals- und Kopf-
tücher, 18 Kappen und dazu ein Vorrat von handgeweb-
tem Leinen.«

Auch die Männertracht hat einiges zu erzählen. Den
werktätigen Schwälmer erkannte man an Kittel, Knie-
hose, Weste und Filzhut. In seiner Feiertags- und Sonn-
tagsversion hingegen trug er ein Hemd unter dem
»Kamisol«, dem knielangen »Kirchenrock«, und putzte
sich mit einem Halstuch und der mit Goldlitzen verzier-
ten »Sammetse-Kappe«, der Otterfellmütze, heraus. Mit
der Farbe von Kappe, Saum, dem Strumpfband und den
sogenannten Schürzenecken wurde zur Schau getragen,
in welcher Lebensphase sich ein Schwälmer befand. Ob
er jung oder alt, verlobt oder verwitwet war. Es gab zudem nicht nur Varianten für die Feldarbeit, für den
Kirchgang, für den Familienstand, sondern auch für die

Trauer. Abgestuft nach den unterschiedlichen Stadien des Verlusts: Voll-, Halb-, Abtrauer und Eheschließung. Schwälmer Neuverheiratete tauschten nämlich am ersten Ehetag die viereckigen »Freudenschnallen« der Schuhe mit den ovalen »Trauerschnallen«, um auch nach außen zu dokumentieren, dass nun der Ernst des Lebens begonnen hatte. Für uns, die wir durchschnittlich drei Stunden pro Tag in Jogginghosen verbringen, wären allein schon die vier bis vierzehn Röcke der Schwälmer Tracht eine Herausforderung. Und für das, was man allein mit einer Schürze anstellen kann und soll, würde man heute Volkshochschulkurse brauchen. Da heißt es nämlich bei der Gebrauchsanweisung für die Schwälmer Tracht: »Ergänzt werden die Röcke bei ledigen und jungverheirateten Frauen durch eine weiße Leinenschürze, zu Festen und zur Kirche durch eine blau geglänzte Schürze. Verheiratete Frauen tragen allgemein die blau geglänzte Schürze, die bei festlichen Anlässen mit Tanzecken geschmückt wird. Zu der weißen Schürze wird um die Taille ein fein mit Weißstickerei besticktes Schürzenband getragen, in das wiederum hinten ein buntes Schürzenschnürchen eingebunden wird. Zur blauen Schürze trägt man außer dem Schürzenschnürchen im Rücken ein breites geblümtes Seidenband als Gürtel, das in einer Schleife vorne auf der Schürze endet. Schürztuchschnürchen, Kappenbänder, Kappe, Ecken und Strumpfbänder werden meistens passend zueinander gefertigt.«

Sunday best

Ja, es ist kompliziert. Dabei war die Sache mit dem Sonntagsstaat eigentlich ganz einfach gedacht: Es ging darum, mit seiner Kleidung die Ausnahme hervorzuheben. Den Tag des Herrn zu würdigen. Zumal, wenn man ihn in seinem Haus – der Kirche – besuchte. Das »Kirchkleid« stellt deshalb noch einmal eine Sonderform des Sonntagskleids dar. In manchen Regionen bestritt man den ganzen Tag, inklusive Gottesdienst, mit ein und demselben Kleid. In anderen gab es aber ein Kirchkleid und ein »Nach der Kirche«-Kleid. In Franken etwa zog man sich um, sobald man vom Gottesdienst nach Hause kam. Auch in den USA wurden ähnliche Unterschiede gemacht.

Dort wie auch in Großbritannien heißt das Sonntagskleid »Sunday best« und ist nicht immer identisch mit dem »Church Dress«. Der Unterschied liegt in der Schlichtheit und Schicklichkeit. Schon die Puritaner bevorzugten in der Kirche klösterlich einfache Kleidung. In den frühen Methodistengemeinden wurde Mitgliedern, die in besonders edle und teure Stoff gewandet waren, sogar der Zutritt zu den Gottesdiensten verwehrt. Sie, wie auch die Baptisten, waren Führungskräfte bei der Verurteilung aufwendiger Kleidung und Frisuren beim Gottesdienst. Eine Haltung, die man auch als Protest gegen die Spaltung der Gesellschaft in Arm und Reich verstand. Man war überzeugt, der Protz trenne die Menschen, und das könne nicht im Sinne des Herrn sein. Prediger erzählten zur Läuterung der Gemeindemitglieder gern dramatische Geschichten von bekehrten Sündern, die sich ihrer teuren Kleidung, des Schmucks und des Tands entledigten, um aller Eitelkeit und Weltlichkeit zu entsagen. Mit steigendem Wohlstand der Mittelschicht durfte Geld allerdings zunehmend auch zur Schau gestellt werden. Man brauchte es ja, um den Ausbau, die Verschönerung oder die Renovierung der Gotteshäuser zu finanzieren. Also verkauften etwa die Episkopalisten Kirchenbänke an Familien. Und da Geld nun doch irgendwie eine Rolle spielte, fand man es bald auch gar nicht mehr so verwerflich, wenn sich die Kirchenmitglieder vor dem Gottesdienst maximal herausputzten. 1843 veröffentlichte Horace Bushnell, ein seinerzeit führender Theologe in Connecticut, einen Essay, in dem er Raffinesse und Kultiviertheit sogar integrale Attribute Gottes nannte, die man als Christ aufgreifen und auch zeigen sollte. Nicht zur Freude aller. So beklagte sich ein Methodist Mitte des 19. Jahrhunderts noch, dass der Einzug von Mode und Stolz in die Kirchen und Gottesdienste den Glauben und die Verehrung Gottes untergraben würde.

In den USA hat sich der »Church Dress« als eigenes Modegenre erhalten. Man braucht den Begriff nur mal in die Suchmaschine einzugeben und erhält fast eine halbe Million Ergebnisse. Bei den meisten handelt es sich um Onlineshopping-Angebote mit ganz bestimmten Merkmalen: knielang, kinnhoch und mit überwiegend bedeckten Armen. Es sind durchaus elegante, aber schlichte Kleider, weil das Outfit keinesfalls von dem ablenken soll, was im Glauben wirklich zähle: gute Taten, die inneren Werte, Bescheidenheit. Als Stylepapst gilt für die engagierten Kirchgänger nicht etwa Karl Lagerfeld oder

Giorgio Armani, sondern die Bibel. Ihre eher tristen Vorstellungen von züchtiger Weiblichkeit werden von strenggläubigen Christen nach wie vor zitiert, und es wird um »Respekt« vor der »göttlichen Geschlechterordnung« geworben, die man durch seine Kleidung dokumentieren sollte. Demnach lautet der göttliche Fashion-Wille: »... dass die Frauen *in schicklicher Kleidung* sich schmücken *mit Anstand und Zucht,* nicht mit Haarflechten und Gold oder Perlen oder kostbarem Gewand, sondern, wie sichs ziemt für Frauen, die ihre Frömmigkeit bekunden wollen, mit guten Werken.« Oder auch 1. Petrus 3: »Euer Schmuck soll nicht äußerlich sein – mit Haarflechten, goldenen Ketten oder prächtigen Kleidern –, sondern der verborgene Mensch des Herzens, unvergänglich, mit sanftem und stillem Geist: Das ist köstlich vor Gott. Denn so haben sich vorzeiten auch die heiligen Frauen geschmückt, die ihre Hoffnung auf Gott setzten und sich ihren Männern unterordneten.« Der weibliche Körper sei schließlich ein Tempel, kein Besucherzentrum. Christliche Frauen sollen sich als solche zwar kenntlich machen, aber bescheiden, schlicht, anständig, schamhaft, besonnen, vernünftig und nicht mit aufwendigen Frisuren (wörtlich: Haarflechten), teurem Schmuck (wörtlich: Gold, Perlen), kostbarer oder auffallender Garderobe. Am besten auch unter der Woche, »um nicht dazu beizutragen, dass Männer unnötigen Versuchungen ausgesetzt sind«.

Ob man Gott besser in einem Outfit dient, das aussieht, als bestünde das Jahr aus zweiundfünfzig Totensonntagen, oder ihn mit fröhlicher, lebhafter Kleidung würdigt? Für die schwarzen Gemeinden in den USA ist das keine Frage. Hier wird er wirklich gefeiert, der Herr. Die Männer tragen schwarze Anzüge. Die Frauen kleiden sich bunt, expressiv, auffällig wie für das wichtigste Rendezvous. Als wäre man hier beim legendären Ascot-Pferderennen. Nur dass sich die fabelhafte Exzentrik nicht bloß auf die Kopfbedeckungen beschränkt. Den Grund für die stilistische Ausgelassenheit schildert ein Gemeindemitglied: »Ich denke, dass Schwarze sich wirklich schick machen, wenn sie in die Kirche gehen. Das kommt noch aus den Zeiten der Sklaverei. Es gab Kleidung für die Arbeit auf dem Feld. Und wir wollen Gott unser Bestes geben. Und unser Bestes heißt: Wir putzen uns für Gott raus, wenn wir sonntags in die Kirche gehen.«

In Schale

Nicht einmal für viel Geld wäre meine Schwiegermutter in einem ähnlich auffälligen Outfit in Knallblau, Schrillpink, Flaschengrün oder groß geblümt in den Gottesdienst gegangen. In der kleinen katholischen Kirche in dem Dorf im Westerwald, in dem mein Mann mit seinen beiden Brüdern aufgewachsen ist, hätte man damit über Generationen für Gesprächsstoff gesorgt. Als Inge einmal in einem Frankfurter Kaufhaus ein für ihre bescheidenen Verhältnisse enorm teures Cape mit Pelzbesatz erstanden hatte, natürlich erst nach reiflicher Überlegung und weil es einfach zu verlockend war, zog sie es nicht an. Jedes Mal, wenn wir sie besuchten, fragte ich sie: »Inge, wie sieht es aus? Hast du in der Kirche endlich mal dein neues

Cape vorgeführt?« Jedes Mal antwortete sie: Das ginge nicht. Sie fürchtete, vor Gott und dem Rest der Gemeinde als eitel, oberflächlich und verschwenderisch zu erscheinen. Eine Sünde. Bis zu ihrem Tod ging sie in Rock und Bluse zur Kirche. Darüber einen praktischen Mantel oder eine Strickjacke. Das Cape trug sie immer nur allein daheim. Obwohl ich mehrmals zu bedenken gab, dass ich – wäre ich Gott – es für die viel größere Sünde hielte, sich ausnahmsweise einmal etwas sehr Teures zu gönnen und sich dann nicht daran zu erfreuen. Dass ich aber doch sehr hoffte, dass er ohnehin Wichtigeres zu tun hätte, als sich um ein Cape zu kümmern. Sollte er existieren, hat er Inge hoffentlich in einem nächsten Leben eine zweite Chance gegeben. Ich stelle mir vor, wie irgendwo auf der Welt nun eine jüngere Frau in einem pelzbesetzten Cape in einem Gottesdienst sitzt und nachher zu ihren Freundinnen sagt: »Eigentlich ist es gar nicht mein Geschmack, und es war auch viel zu teuer für mich. Aber eine innere Stimme hat mich dazu gedrängt, es zu kaufen, und irgendwie macht es mich nun doch sehr glücklich.«

Da war meine Mutter aus ganz anderem Sonntagsstaat-Holz geschnitzt. Sie hätte niemals auf ein nächstes Leben gewartet, um es sich zu erlauben, sich am Sonntag besonders hübsch zu machen. Als Kriegskind und zweitjüngste von fünf Schwestern hatte sie ihre ganze Jugend lang die geänderten Kleider der Älteren aufgetragen. Mit ihrem ersten eigenen Gehalt genoss sie nun die modischen Möglichkeiten ihrer Zeit. Sie besaß von den Amateurturnieren, die sie mit meinem Vater in den ersten Beziehungsjahren getanzt hatte, zauberhafte Ballkleider, aber auch Ausgeh- und Nachmittagskleider, und später, als sie als Sekretärin in der Hessischen Staatskanzlei arbeitete, auch Businessoutfits, die damals noch Schneiderkostüme hießen.

Auch für uns Kinder gab es eine Unterscheidung zwischen Schulkleidung, Freizeitkleidung und Sonntagskleidern. Bei Letzterem handelte es sich um Klamotten, deren herausragendes Merkmal es war, weder zum Spielen noch zum Toben zu taugen. Meine Mutter nähte eigens dafür identische Kleider für mich und meine jüngere Schwester. Dazu trugen wir weiße Söckchen und Lackschuhe. War mein Sonntagskleid irgendwann aufgetragen, bekam es meine Schwester, um es als Werktagskleid zu recyceln. Das Sonntagskleid meiner Schwester dagegen ging an sonntagskleidbedürftige Mädchen, die mir immer ein wenig leidtaten. Weil einen offenbar nicht einmal bittere Armut davor bewahrte, ausgerechnet den freiesten Tag der Woche in rosa Rüschen zu bestreiten.

Natürlich warfen sich auch die Eltern »in Schale«, wie meine Mutter es nannte. Der Begriff kommt aus Militärzeiten, in denen man sich noch »in Gala« warf oder auch »in Wichs«, abgeleitet vom Polieren der Stiefel. Und nun eben in Schale, bezogen auf das Äußere, so wie in »harte Schale, weicher Kern«. Zur mütterlichen Schale gehörte also die damals so todschicke Frisur Modell Bienenkorb. Immer wieder samstags wurde der Turm von einer Friseurin, die noch Friseuse hieß, mithilfe eines Haarteils in Bestform gebracht. Meine Mutter schlief fast aufrecht sitzend, gestützt von drei Kopfkissen im Rücken, um die architektonische Meisterleistung am Kopf möglichst lange zu erhalten. All die Mühen konnten selbstverständlich unmöglich bloß an die eigenen vier Wände oder an die Kirche verschwendet sein. Also wurde der Sonntagsstaat auf Sonntagsspaziergängen und in Ausflugslokalen präsentiert. Es gibt noch ein Foto, auf dem wir drei Kinder mit ihr an einem Kaffeetisch sitzen, irgendwo, wo es eine schöne Aussicht gab. Meine Schwester im rosa Faltenrockkostüm, so klein noch, dass sie kaum über den Tischrand gucken kann. Mein Bruder in Anzug mit weißem Hemd und Fliege. Ich in Rock und Bluse. Meine Mutter in einem engen Kleid, mit High Heels und cooler Sonnenbrille. Ein ähnliches Foto zu einer ähnlichen Zeit irgendwann in den Sechzigern zeigt meinen Mann mit seinem Bruder: zwei kleine Jungs in einer Art Herrenmantel mit Hüten wie Erwachsene ausstaffiert. Ja, auch der Hut gehörte noch bis in die 1960er-Jahre zur Sonntagsstaat-Grundausstattung. Man zog ihn höflich, wenn einem jemand beim Spaziergang entgegenkam. In Thomas Manns *Zauberberg* heißt es so schön, dass »man einen Hut aufhaben soll (…), damit man ihn abnehmen kann, bei Gelegenheiten, wo es sich schickt«. Wer vor wem zuerst, war einmal eine Rangfrage. Aber die zählte schon nicht mehr, als mein Mann und ich Kinder waren, sie hat nur noch in der Redensart »Hut ab« oder »davor ziehe ich meinen Hut« überlebt.

Die neue Kleiderunordnung

Heute wird der Hut gar nicht mehr gezogen. Man legt ihn nur ab, wenn man eine Kirche, ein Restaurant, ein öffentliches Gebäude, ein Theater oder eine fremde Wohnung betritt und zudem über das verfügt, was meine Großmutter noch Kinderstube nannte. Die würde sie heute besonders an Sonntagen schmerzlich vermissen. Es gilt als Befreiungsschlag, sich an diesem Tag besonders locker zu machen. Als vermeintlicher Sieg über den autoritären Charakter herrischer Benimmregeln, dass sich der Dresscode von bestimmten Daten und auch von den meisten Anlässen weitgehend emanzipiert. Und so tragen Menschen auch an Festtagen, was man früher allenfalls bei einem totalen Stromausfall entschuldigt hätte. Es sind vor allem auch die Influencer aus den Instagram-, Snapchat-, Twitter-Sphären, die keinen Unterschied mehr machen zwischen Werk- und Sonntagen, zwischen Alltag und Urlaub. Die hauptberuflich wirken, als wären sie Staatsbürgerinnen ewiger Sommerferien und endlosen Müßiggangs. Sie bestimmen, was cool ist, was man tragen und kaufen soll. Und so schreitet die Kim-Kardashianisierung der Mode allerorten munter voran. Selbst Karl Lagerfeld, der vor einigen Jahren noch gesagt hat, wer Jogginghosen trage, habe die Kontrolle über sein Leben verloren, entwirft nun Luxusvarianten für Chanel. Und entgegen seiner Ankündigungen von gestern, dass er niemals Denim verarbeiten werde, produziert der Exzentriker heute auch Jeansteile und lässt selbst seit einiger Zeit nichts anderes mehr an seinen Superslim-Leib. Man mag das für einen Fortschritt halten. Man kann es aber auch bedauern. So wie der US-amerikanische Entertainer Tony Bennett, der regelmäßig zu einem der bestangezogenen Amerikaner gewählt wurde. In einem Interview mit dem *Spiegel* 1995 monierte er bereits den Niedergang der formellen Kleidung als Verlust von Achtung. Vor sich, vor anderen, vor dem Anlass, für den man sich früher fein machte. »Sehen Sie, ich komme aus einer anderen Zeit: Als ich jung war, eröffnete Fred Astaire das Rockefeller Center, und die Leute trugen Smokings und schwarze Krawatten. Das taten sie jeden Abend, nicht nur am Eröffnungsabend. Und was sieht man heute? Im Theater, in der Oper, auf dem Standesamt: überall Jeans. Es ist ein Fiasko, es ist eine Katastrophe, und es ist noch mehr. Es ist ein Zeichen, dass mit unserer Zivilisation etwas nicht in Ordnung ist. Denn ein Smoking ist nichts anderes als ein Zeichen für Respekt.« Und er ist eine Investition, die man nicht mal eben so nach zweimaligem Tragen in den Altkleidercontainer abschreibt wie die drei Shirts für zehn Euro von einem der Textildiscounter.

In der Idee der Festtagskleidung lebt deshalb auch ein sehr moderner Gedanke: der von Nachhaltigkeit. Beim Sonntagsstaat handelt es sich traditionell ja um ein besonders wertvolles Kleidungsstück, eines, das man sich eben nicht alle Tage leisten konnte. Das man deshalb pfleglich behandelte, auch reparierte und ausbesserte, wenn es nötig war, und erst nach vielen Jahren entsorgte oder an andere weitergab, denen vielleicht das Geld für eine Neuanschaffung fehlte. Man führte so seriell monogame Beziehungen mit Kleidern. Anzüge, Hemden, Röcke und Hosen waren wie Lebensabschnittspartner. Sie begleiteten einen eine gute Strecke durch die eigene Geschichte und wurden so selbst zu einer, eng mit den jeweiligen Biografien verwoben. Eine Sentimentalität, die wenig mit dem Alter, aber sehr viel mit der Erfahrung von Wertschätzung zu tun hat. Die achtunddreißigjährige Beth Ditto, Sängerin von Gossip und Queen of

Coolness, hat eine solche Erfahrung kürzlich in einem Interview wiederaufleben lassen. Sie wuchs mit vielen Geschwistern in einem Wohnwagen im protestantischen Arkansas in ärmlichsten Verhältnissen auf. Trotzdem, erzählt sie, wurde viel Wert auf »ordentliche« Kleidung gelegt. Auch auf ein Sonntagskleid. »Es war natürlich jahrelang viel zu groß, damit ich hineinwachsen konnte. Meine Mutter hatte es genäht, als sie noch mit meinem Vater zusammen war und mehr Zeit hatte. Später hat sie ja nur noch gearbeitet, um uns irgendwie durchzubringen. Mein Kleid war rot, es hatte einen plissierten Brustlatz und eine weiße Spitzenborte. Das ist bis heute mein liebster Schnitt. Am Valentinstag zog ich das Kleid mit weißen Strumpfhosen und roten Herzen drauf an. Zu Weihnachten normale weiße Strumpfhosen oder grüne. Und im Frühling und Sommer zog ich es ohne Strümpfe an, es war also ein sehr wandelbares Kleid.«

Ein Sonntagskleid ist ja viel mehr als bloß ein Stück Stoff. In ihm stecken Erinnerungen, Gefühle, Bestätigung, Aufmerksamkeit, Liebe, Würde und, ja, auch das: die Aufrechterhaltung eines Mindestmaßes an Ethik, Moral und Kultur. Aufgaben, mit denen irgendein Kleidungsstück von Primark, Zara, Hennes & Mauritz, Lidl, Aldi, kik, Pimkie oder einem anderen Discounter heillos überfordert wäre. Und nicht nur, weil es kaum länger hält als eine Saison. Es wurde auch in ein paar Minuten fertiggestellt, und bei dem Preis braucht man selbst nicht lange dafür zu arbeiten, kann es gleich mit nach Hause nehmen – ohne den Umweg über lange Vorfreude oder ängstliche Sorge, ob das Stück auch dann noch da sein wird, wenn man endlich das Geld dafür zusammengespart hat.

Entsprechend leichten Herzens kann man den einen gegen einen anderen modischen Wegwerfartikel austauschen oder ihn einfach vergessen. Wie die eine Milliarde Kleidungsstücke, die laut der Greenpeace-Studie in Deutschland ungenutzt in den Schränken liegen. Eine weitere Milliarde Kleider wird nur »selten« (seltener als alle drei Monate) getragen. Zählt man beide Posten zusammen, erhält man vierzig Prozent aller Kleidungsstücke, die die Deutschen insgesamt besitzen. Das wäre bloß ein Lagerproblem, würden bei der Textilproduktion trotz vollmundiger Versprechen der Hersteller nicht immer noch notorisch Sozial- und Ökologiestandards katastrophal vernachlässigt. Ethik, Moral und Umweltschutz, das alles hat auch damit zu tun, dass wir uns von der Sonntagskleididee und von dem Weniger-ist-mehr-Gedanken verabschiedet haben und »möglichst viel, möglichst billig« zum Shoppingmaßstab geworden ist.

Dazu ein paar Zahlen: Der Wasserverbrauch zum Anbau von Baumwolle ist größer als der Verbrauch aller weltweit existierenden Haushalte, er ist damit Urheber von Trinkwassermangel und Versteppung in den typischen Anbaugebieten wie China, Indien, Usbekistan und Pakistan. 7000 Liter Wasser benötigt allein die Produktion einer einzigen Jeans. 2000 Liter die Herstellung eines Shirts. Zwanzig Prozent der Baumwolle sind zudem genetisch manipuliert, und obwohl Baumwolle auf weniger als vier Prozent der weltweiten Landwirtschaftsfläche angebaut wird, wird rund ein Viertel der global in der Landwirtschaft genutzten Pestizide dort eingesetzt. Die Folgen sind Rückstände im Boden und im Trinkwasser mit tödlichen Konsequenzen. Laut der Environmental

Justice Foundation sterben jedes Jahr 20 000 Menschen durch Gifte der Baumwollproduktion. In der Textilindustrie werden zudem nach wie vor 3500 krebserregende oder hormonell wirkende Stoffe verwendet. Solche Spitzenwerte erreicht sonst nur die viel geschmähte Zigarette. Dazu: Kinderarbeit, miserable Arbeitsbedingungen und Niedriglöhne. Bei einer Hunderteurojeans gehen, so rechnet Greenpeace vor, ganze ein Prozent an die Arbeiterin, elf Prozent werden für Steuern, Transport und Import veranschlagt, dreizehn Prozent gehen für die Materialien und den Gewinn der Fabrik im Billiglohnland drauf, fünfundzwanzig Prozent für den Markennamen, die Verwaltungskosten des Herstellers und Werbung, fünfzig Prozent verschlingen der Einzelhandel, seine Verwaltung und die Mehrwertsteuer. Das »Prinzip Sonntagskleid« könnte also einiges zur Rettung des Planeten beitragen. Ohne Abstriche an Außenwirkung und Attraktivität.

Alles Jacke wie Hose?

Die Journalistin und Bestsellerautorin Meike Winnemuth kann das nur bestätigen. Für einen Selbstversuch trug sie ein Jahr lang das gleiche Kleid. Sie besaß es in dreifacher Ausführung, damit es auch mal gewaschen werden konnte. Ansonsten aber trug sie es jeden Tag. »Im Sommer und im Winter. Am Schreibtisch und zu offiziellen Anlässen. Auf Safari in Südafrika und beim Renovieren der neuen Wohnung.« Start der Aktion war der 11. November 2009. »Nicht wegen Karneval, sondern wegen Martinstag. Sankt Martin, der seinen Mantel mit einem Bettler teilte, schien der passende Schutzheilige in Sachen Garderobenreduktion.« Jeden Tag des Jahres im blauen Kleid hat Meike Winnemuth mit einem Foto dokumentiert. Dabei präsentierte sie es immer neu, mit immer anderen Accessoires, »Spielkameraden« wie Tüchern, Taschen, Shirts, Jacken oder Gürtel. Während ihres Projekts konnte man einiges darüber erfahren, was es im Leben wirklich braucht, wie entspannend es ist, nicht vor den durchschnittlich 118 Kleidungsstücken zu stehen, die jede Frau besitzt, und zu denken: »Ich habe wirklich nichts zum Anziehen!« In einem Interview sagte Winnemuth, ihr sei klar geworden, »dass man es wirklich gut aushält mit einem Ding und dass man sich nicht langweilt oder sich beschränkt fühlt. Man kann sich als Frau verdammt gut ausdrücken mit einem Kleid, indem frau es abwandelt.«

Es gäbe also allen Grund, das Sonntagskleid zu feiern. Im Mai 2018 wurde das dann auch ganz hochkarätig erledigt, nämlich anlässlich der jährlichen »Met Gala« des Metropolitan Museum of Art, mit der seit 1948 Geld für das Haus gesammelt wird. Zuletzt immerhin rund zwölf Millionen Dollar. Es war ein rauschendes Fest unter der Führung der US-*Vogue*-Chefredakteurin Anna Wintour, mit dem Austragungsort angemessenen, glamourösen und skurril-kunstvollen Outfits. Das Thema der dazugehörigen Ausstellung war dieses Mal »Fashion and Religion«. Der Untertitel »Heavenly Bodies: Fashion and the Catholic Imagination«. Das Thema gab gleichzeitig den Dresscode vor bei den »Oscars der Modewelt«. Und deshalb lautete das Motto »Sunday best«. Was dann bei der

Gala an Prominenz in exklusiven Roben über den roten Teppich flanierte, zeigte dann auch die ganze Bandbreite des Sonntagsstaats. Es gab minimalistische, eher puritanische bodenlange Roben wie die von Greta Gerwig (von The Row), die aussah, als hätte die Schauspielerin und Regisseurin eben noch einem Gottesdienst auf der *Mayflower* beigewohnt. Man sah aber auch Kleider wie das von Saint Laurent an Anja Rubik, mit denen man vermutlich nicht mal bis an die Tür eines ordentlichen Gottesdiensts des tiefgläubigen Amerika gekommen wäre: zu kurz, zu freizügig. Manche kamen in unschuldigem Weiß, wie Anna Wintour in ihrem Chanel-Traum, andere wirkten, als hätten sie den Fundus des Vatikans geplündert und ihn mit ein paar Brandschutzdecken aufgerüscht wie Evan Rachel Wood in ihrem Altuzarra Bling-Bling. Kim Kardashian trat natürlich wieder mal in Stretch auf, diesmal in goldenem von Versace. Während Lana Del Rey und Jared Leto mit ihren Gucci-Outfits aussahen wie Fashiondiebe, die beim Krippenspiel den Kindern die Kostüme geklaut haben, und Lena Dunham dazu den Rauschgoldengel gab. Und weil man dann mit der Weihnachtskrippenkulisse ohnehin nichts mehr anfangen konnte, trug Sarah Jessica Parker sie als Kopfbedeckung. Ein winziges Jesuskind inklusive. Wie immer aber setzte Rihanna allem die Krone respektive die Mitra auf: Sie erschien in einem Papstkostüm von John Galliano für Martin Margiela. Vermutlich sanken nach den Strapazen des Schaulaufens in Kleidern, die eher für Stehpartys gedacht sind, daheim alle erschöpft in ihre Joggingklamotten.

Ja, man muss sich unbedingt auch mal locker machen.

Man kann nicht sieben Tage die Woche dauernd in Best-form und maximal vorzeigbar sein. Wenigstens ein, zwei Tage sollte man sich auch mal frei machen können. Idealerweise an den Tagen, an denen man ohnehin alle Freiheiten hat. Ganz so, wie es Peter Ustinov einmal for-mulierte: »Das Beste am Sonntag ist, dass man sich nie komplett anziehen muss. Meistens komme ich nicht mal dazu, mir die Socken anzuziehen.« So gentlemanlike, wie er war, ist der barfüßige Peter Ustinov vermutlich zu Hause geblieben. Vielleicht hat er dazu dann auch nichts anderes als Boxershorts getragen. Möglicherweise saß er auch nackt am Frühstückstisch oder in einem pinkfarbe-nen Stringtanga unter seinem Disneypyjama. Wer weiß das schon. Geht ja auch niemanden etwas an, wie einer allein daheim am Sonntag herumläuft. Das Gleiche könnte man natürlich auch von ausgebeulten Hosen, offensiv in Birkenstock zur Schau getragenen Fußpilzproblemen oder Sweatshirts mit »lustigen« Sprüchen im sonntäg-lichen Straßenbild sagen. Soll sich doch jeder nach seiner Fasson zum Horst machen. Einerseits. Andererseits wür-digt man mit einem Sonntagsstaat ja nicht nur einen Festtag, sondern immer auch sich selbst. Etwas, das Cargo-hosen und Adiletten definitiv nicht draufhaben.

7 Alles muss raus!

»Der Weg ist das Ziel.«
Konfuzius

Sieh nur, sieh!

Ja, das musste sein. Um den Sonntagsbraten zu verdauen, um für die Buttercremetorte wieder Appetit zu bekommen, um Familiensinn zu zeigen und Familienharmonie zu präsentieren. Nicht, dass über den Sonntagsspaziergang diskutiert wurde. Er war im Gegenteil so wenig verhandelbar wie der tägliche Sonnenaufgang. Man geht am Sonntag eben spazieren, wie meine Großmutter einmal bemerkte. Der Weg war das Ziel. Ein anderes war für uns Kinder nicht erkennbar. Hätten die Erwachsenen damals schon den Drang verspürt, ihrem Nachwuchs alles zu erklären, hätten sie uns vielleicht erzählt, dass sich Spazierengehen aus dem lateinischen Verb »spatiari« und aus dem Substantiv »spatium« ableitet und so viel bedeutet wie »sich im Raum ergehen« und dass schon die alten Griechen große Spaziergänger waren. Nicht, weil ihre Eltern sie wie unsere uns jeden Sonntag nach draußen zerrten: Sie gingen freiwillig, um auch im Geiste in Bewegung zu bleiben. Beim Gehen sollte der Kopf frei werden, um darin Platz zu schaffen für Neues. Aristoteles etwa unterrichtete sogar seine Schüler beim Auf-und-ab-Gehen, und ebenso wie er war später auch Rousseau davon überzeugt, dass einen erst das Unterwegs auf neue Ideen bringt: »Ich kann nur beim Gehen nachdenken. Bleibe ich stehen, tun dies auch meine Gedanken.« Auch Goethes Geist machte der Kausalnexus von »Ich gehe, also denke ich!« und »Ich denke, also gehe ich!« Beine. Mit Erfolg. Die Technik führte unter anderem zum berühmtesten allen sonntäglichen Lustwandelns: dem Osterspaziergang.

Aus dem hohlen finstern Tor
Dringt ein buntes Gewimmel hervor.
Jeder sonnt sich heute so gern.
Sie feiern die Auferstehung des Herrn,
Denn sie sind selber auferstanden:
Aus niedriger Häuser dumpfen Gemächern,
Aus Handwerks- und Gewerbesbanden,
Aus dem Druck von Giebeln und Dächern,
Aus der Straßen quetschender Enge,
Aus der Kirchen ehrwürdiger Nacht
Sind sie alle ans Licht gebracht.
Sieh nur, sieh! wie behend sich die Menge
Durch die Gärten und Felder zerschlägt.

Als der Dichterfürst das Gedicht zu Papier brachte, erlebte der Sonntagsspaziergang gerade einen fulminanten Aufstieg als Familienangelegenheit. Natürlich erst nach dem Kirchgang und vor allem für das Bürgertum. Dieses führte seine Muße als Distinktionsmerkmal aus, oft weniger aus Neigung denn aus Pflichtgefühl. Das ist deutlich zu erkennen auf Carl Spitzwegs *Sonntagsspaziergang* von 1841: Vater und Mutter stapfen lustlos in sengender Sonne durch ein Kornfeld, die Kinder und die Gouvernante folgen in gebührendem Abstand. Allen sieht man an, dass sie gerade lieber woanders wären. Daheim auf dem Sofa etwa. Aber dafür war es längst zu spät: Das große Schaulaufen hatte begonnen, und die Familienvorstände kamen bald gar nicht mehr aus dem »Hutlupfen« heraus. Beim Sonntagsspaziergang lautete die Devise nun: »Wir gehen, also sind wir wer!« Allein und nur für sich funktionierte das nicht. Man brauchte schon andere als Resonanzboden der eigenen Bedeutung. Davon gab es bald mehr als genug, zumal nachdem der Sonntag endlich auch offiziell ein für alle freier Tag war. Zu Tausenden strömten nun auch Angestellte und Arbeiter an die frische Luft. Weg aus der Enge der überbelegten Wohnungen, hinaus in die Natur – fein gemacht natürlich. Vorgeführt wurden nicht nur Status und Sonntagskleider, sondern auch ein idyllisches Familienleben. Der Sonntagsspaziergang war wie eine Bühne, auf der jeder brav auf dem ihm zugedachten Platz blieb.

Moosgepolsterte Innerlichkeit

Die Rollen mögen sich verändert haben, das Drehbuch ist geblieben. Noch immer ist das Lustwandeln im Freien ein urdeutsches Sonntagsritual. Praktiziert wird es überall, wo etwas grünt und blüht. Nicht bloß in Parks, auf Uferpromenaden oder über Wiesen. Vor allem auch im

Wald. Er ist ein absoluter Sonntagsspaziergangs-Hotspot und eine Herzensangelegenheit, wie es der Schriftsteller Elias Canetti einmal formulierte. Während die Franzosen der Revolution, die Schweizer den Bergen und die Engländer dem Meer verfallen wären, so liebten die Deutschen eben »ihren Wald, in dem schon ihre Vorfahren zu Hause waren. Sie besuchen ihn gern und fühlen sich dabei eins mit den Bäumen.« Besonders den Städter zieht es offenbar »back to the roots«. Denn die Wälder rund um die Metropolen gehören zu den meistbesuchten Deutschlands, und kaum einer hat so viele Spaziergänger wie der Grunewald in Berlin. Da ist manchmal mehr los als unter der Woche auf dem Ku'damm, und das ist auch gut so. Was den sonntäglichen Spaziergang im Forst so anziehend macht, sind ja nicht bloß die frische Luft, die Natur, all das Grün, die Wildschweine, Hasen, Rehe und die Waldeinsamkeit. Es ist immer noch das Sehen und Gesehenwerden, die Selbstvergewisserung, Teil einer Gemeinschaft zu sein, als Familie, als Paar, als Freunde, als Berliner, Frankfurter, Münchner oder Hamburger. Genauso aber auch als Mensch, der das Wahre, Schöne, Gute zu schätzen weiß und dabei keinesfalls auf der Stelle tritt, sondern immer weiter voranschreitet. Auch in seiner Beziehung zum Wald. Dort sucht man mittlerweile Spiritualität, Erhabenheit, Romantik, Ergriffenheit, Seele, emotionale Tiefe und Achtsamkeit. Mithilfe von Waldschulen, Waldlehrpfaden, Waldspaziergängen und mit Baumumarmungen, dem »Tree Hugging«. Kurz: Der alte Wald ist das neue Hipster-Spa. Wie jeder gute Wellnesstempel führt er selbstverständlich auch »Gesundheit« in seinen Leistungsnachweisen. Studien aus Japan, wo das sogenannte Waldbaden schon eine längere Tradition hat, wollen belegt haben, dass so ein Waldspaziergang das Immunsystem stärke. Grund seien die »Phytonzide«. Das Wort bedeutet »durch die Pflanze selbst ausgerottet« und meint antibiotisch wirksame Substanzen, die die Pflanzen etwa vor Insekten schützen oder auch verhindern, dass sie von Tieren angefressen werden. Besonders stark sind diese Absonderungen bei Nadelbäumen. Nach einem zweistündigen Waldspaziergang soll der Körper noch mindestens sieben Tage von dieser flüchtigen Substanz profitieren, die nur über die Atemwege eingenommen wird.

Schon bieten Kurse Waldbäder an, geführte Spaziergänge in die – so schreibt die *ZEIT* – »moosgepolsterte Innerlichkeit«, für ein »achtsames, absichtsloses Eintauchen in die Waldatmosphäre, bei dem wir alle Sinne weit öffnen«. Bald soll es auch eine Ausbildung zum »Waldtherapeuten« geben. Die Ludwig-Maximilians-Universität München erarbeitet gerade deren Kriterien. Wie nebenbei ist ohnehin rund um den Spaziergang eine ganze Wissenschaft entstanden. In der Promenadologie gehe es darum, »die Umgebung in die Köpfe der Menschen zurückzuholen«, schrieb die *taz*. Der Spaziergang sei »das Instrument zur Erforschung der Lebensumwelt. Das Gehen vermittle räumliche Bezüge, da Raum nur durch die eigene körperliche Bewegung durch denselben erfahrbar sei.« Sogar studieren kann man das Fach.

Aber ehrlich: Wenn wir hierzulande etwas wirklich können, dann ist das der Spaziergang. Machen wir ja, seit wir auf der Welt sind. Erst im Kinderwagen. Dann auf eigenen Füßen. Besonders am Sonntag und natürlich im

Wald. Deshalb wissen wir schlussendlich auch ganz gut selbst, was das Wichtigste daran ist: wenigstens am Wochenende einfach einmal gar nichts müssen zu müssen. Nicht einmal achtsam oder gewollt absichtslos sein. Das ist ja das Besondere daran, dass wir einmal nichts und niemandem hinterherzurennen brauchen. Der Sonntagsspaziergang tut ja deshalb so gut, weil wir ihn einfach ganz wunderbar bewusstlos erledigen können und uns, frei nach Balzac, eben nicht dauernd fragen müssen, warum man geht, wie man geht, ob man geht, ob man nicht besser gehen könnte, was man beim Gehen macht, ob es nicht ein Mittel gäbe, seinen Gang Vorschriften zu unterwerfen, zu verändern, zu analysieren. Es ist Sonntag. Da kann man das Gute einfach mal so gut sein lassen.

Pack die Badehose ein ...

Einerseits kann jeder am Sonntag nach seiner Fasson wohlgemut sein. Andererseits ist der Mensch ein Herdentier und tut gern, was auch sein Nachbar tut. Es fühlt sich einfach besser an, das eigene Handeln vom Umfeld bestätigt zu sehen. Jede Nation, aber auch jede Region hat je nach landschaftlicher Ausstattung und kulturellem Background ihre eigenen Sonntagsrituale entwickelt. Große Teile meiner finnischen Verwandtschaft etwa packen spätestens Freitagnachmittag den Kofferraum voll mit Vorräten, um ebenso wie die Nachbarn in ihre »Mökki« abzutauchen. Eine halbe Million dieser Sommerhütten, meist selbst gebaut, soll es im Land der tausend Seen geben, in aller Regel ohne eigene Wasserleitung oder elektrisches Licht, dafür aber mit Plumpsklo und Sauna. Sie stehen bevorzugt an einem der 187 888 Binnengewässer, die größer als 500 Quadratmeter sind und sich somit See nennen dürfen. Dort verbringt der finnische Wochenendausflügler seine Zeit damit, die Sauna anzuheizen, das Bier kalt zu halten, zu angeln, den selbst gefangenen Fisch zu grillen oder aber die Wurst, falls der Fisch den Trick mit dem Gummiköder schon kannte. Getrübt wird dieses herrlich naturnahe Wochenendvergnügen nur durch die Mücken, die in manchen Jahren so aggressiv sind, dass sich die Ausflügler bloß vermummt wie Überlebende einer atomaren Katastrophe nach draußen wagen. Von den über vierzig Mückenarten in Finnland sind es immerhin zehn, die stechen. Und zwar aus Solidarität mit den anderen, bei denen die Schöpfung den Stachel vergessen hat, gleich mit. Finnische Gegenwehr: möglichst schnell von der Sauna ins Wasser rennen oder einfach so viel trinken, bis man sowieso nichts mehr merkt und die Mücken an Alkoholvergiftung sterben. Und keine Angst vor Abstürzen. Ein finnisches Sprichwort beteuert: »Man ist nicht zu betrunken, solange man auf dem Boden liegen kann, ohne sich festzuhalten.«

Auch in Deutschland kennt man den Drang, am Wochenende an einem See den Wohnwagen abzustellen, ein Zelt aufzubauen oder bloß das Badelaken auszulegen. Badelakenrekordhalter ist dabei sicher der Wannsee. Über eine Milliarde dieser Handtücher dürften in der mehr als hundertjährigen Geschichte des größten europäischen Binnenstrandbads locker zusammengekommen sein. Es ist der Inbegriff des Dolcefarniente des kleinen Mannes. Das Epizentrum des Berliner Sonntagsvergnügens für den Städter. Ein Soziotop seit der Eröffnung im Mai 1907 und Kulturdenkmal spätestens durch die Hauptrolle in dem Stummfilm *Menschen am Sonntag*, einer Gemeinschaftsproduktion von Robert Siodmak, Edgar G. Ulmer und Billy Wilder, uraufgeführt im Februar 1930. Die halb dokumentarische Collage, fast ohne Geld und mit Laienschauspielern gedreht, begleitet zwei Berliner und zwei Berlinerinnen an den Wannsee. Sie baden, hören Schallplatten, essen Kartoffelsalat, sie flirten, machen einen Bootsausflug, fahren nach Hause, sehnen sich nach dem Durchatmen und der Unbestimmtheit des nächsten Sonntags. Nebenbei zeigt der Film, was der Berliner und damit der Städter am Sonntag so treibt, wenn er nicht gerade baden geht: wie er auf dem Balkon sitzt, eine Marschkappelle im Gleichschritt begleitet, auf der Parkbank döst, Zeitung liest und überhaupt den Luxus genießt, Zeit einfach vertändeln zu dürfen. Ein Gefühl, das Regisseur Billy Wilder durchaus kannte. Um sich im Berlin der 1920er-Jahre durchzuschlagen, hatte er als Eintänzer gearbeitet und sonntags schon einige Strapazen hinter sich gebracht: »Sonnabend ist der schlimmste Tag für den Tänzer. Alle Säle sind bis auf das letzte Plätzchen voll. Auf dem Parkett drängen sich fünfzig Paare, treten einander auf die Füße, keuchen und boxen. Eine einzige Fleischmasse, im Rhythmus wie Sülze zitternd. Es ist der Tag, an dem der Eintänzer ein paar Pfunde von seinem Gewicht verliert, aber meist nicht einen Pfennig verdient.« Glaubt man den Comedian Harmonists, brauchte es nach einer harten Arbeitswoche ohnehin wenig, um den Städter am Sonntag froh zu machen:

Wochenend und Sonnenschein
und dann mit dir im Wald allein,
weiter brauch ich nichts zum Glücklichsein,
Wochenend und Sonnenschein.

Gerade das vermeintlich wenige aber war unendlich kostbar. Die große Stadt weit hinter sich zu lassen, den Asphalt gegen die Natur zu tauschen, ohne dabei auf Segnungen der Zivilisation wie Imbissbuden, Duschen und Umkleidekabinen verzichten zu müssen, für kleines Geld mal eben ganz woanders zu sein – dieses Hochgefühl erhielt 1951 mit dem Evergreen *Pack die Badehose ein, nimm dein kleines Schwesterlein und dann nischt wie raus nach Wannsee* eine weitere Hymne. Der Text zum Saisonschlager war dem zweiunddreißigjährigen Hans Bradtke morgens beim Rasieren eingefallen. Der Komponist Gerhard Froboess vertonte ihn und ließ das Lied von seiner siebenjährigen Tochter Cornelia singen. Man hört es ihm nicht an, aber es besaß durchaus subversive Qualitäten. Für die DDR jedenfalls. Dort fürchtete man, es könne die Arbeitsmoral stören, »von der Erfüllung des Fünfjahresplans« ablenken. Die Ost-Kabarettistin Gina Pressgott versuchte es deshalb mit einer Alternativversion, aber die kann dem Original nicht das Wasser reichen:

Schließ die Badehose ein
Laß das Baden lieber sein
Denn der Ami schießt am Wannsee!
Wenn die Sonne strahlend scheint
und das Schwesterchen auch weint
fahre bloß nicht an den Wannsee!

Ich kann schießen, sagt der Ami
wie ich will und wo ich mag.
Das erlaubt mir Adenauer ja im Generalvertrag...

Vom Baden ließ sich damit niemand abhalten, schon gar nicht am Wochenende. Das galt natürlich nicht nur für den Wannsee, sondern auch fürs Freibad um die Ecke. Meine Geschwister und ich lernten dort unter väterlicher Aufsicht Schwimmen und verbrachten später mit Freunden ganze Tage im Freibad. An der Taschengeldablieferstation investierten wir in Pommes, die später nie wieder so gut schmeckten wie damals in den Kindersommern. Wir übten Geduld, weil man für praktisch alles immer anstehen musste. Waren nie mehr so stolz wie nach dem ersten Köpper vom Beckenrand und dem ersten Sprung vom Dreimeterbrett – den man, ehrlich gesagt, sowieso nur gewagt hatte, um sich nicht mit einem Rückzug vor Publikum bis auf die Knochen zu blamieren. Freibad, das waren auch erste vorpubertäre Annäherungsversuche, bestens getarnt durch Gerangel auf Liegedecken und im Wasser, wo man ausprobieren konnte, wie lange man ohne Sauerstoff auskommen kann, wenn man muss, weil man gerade – was sich liebt, das versucht sich zu ertränken – unter Wasser gedrückt wird. Und dann hätte man auch gern mal ausprobiert, ob das Gerücht stimmt, dass sich das Schwimmbecken für alle sichtbar färbt, wenn man reinpinkelt. Man selbst konnte das unmöglich riskieren. Wie peinlich wäre das denn gewesen?! So blieb die Frage: Wenn man nie etwas sah, bedeutete es dann, dass niemand ins Becken pinkelte oder dass es sich bei der Farbsache um eine Großstadtlegende handelte?

Zukünftige Generationen werden sich darüber nicht mehr den Kopf zerbrechen müssen, denn das Freibad ist vom Aussterben bedroht. Laut der Deutschen Lebens-Rettungs-Gesellschaft wurden im vergangenen Jahr in Deutschland zweiundsechzig Freibäder geschlossen. Die meisten ausgerechnet im reichen Bayern. Einer ganzen Wochenend-Jugendfreizeit- und Beziehungsanbahnungs-Kultur droht der Untergang. Nirgendwo sonst konnte und kann man sich als Teenager für so wenig Geld so herrlich und an so viel frischer Luft beschäftigen. Auch Schwimmen wird bald niemand mehr können. Denn wo soll man es nun lernen? Werden bald Hotelpools und Kreuzfahrtschiffe unser einziger Zugang zum Wasser sein? Was, wenn das Schiff kentert? Hoffen, dass Flipper vorbeikommt? Man kann natürlich auch Bergsteiger werden, wie Nichtschwimmer Reinhold Messner. Oder sich an unseren Nachbarn ein Beispiel nehmen: So wie Berliner an den Wannsee, reisen Italiener reflexartig am Wochenende mit dem halben Hausstand und der ganzen Familie ans Meer. Nicht etwa, um zu schwimmen. Eher um sich am Strand häuslich einzurichten, mit Lebensmittelvorräten, mit denen man das Welthungerproblem lösen könnte. Wenn sie gerade nicht essen oder die Kinder mahnen, den anderen nicht Sand in die Augen zu reiben, gehen die Italiener ins Wasser. Aber nur maximal knietief. Wegen der Quallen und weil man ohnehin nie weiß, was das Meer so im Schilde führt.

Dort stehen die Italiener dann mit vielen anderen im Meeressaum, füllen die Seele mit Muße, telefonieren, machen ein Selfie und fühlen sich ganz und gar sonntäglich. Ähnlich schöne Ergebnisse im Gefühlshaushalt lassen sich selbstverständlich auch in städtischen Parks oder auf Flohmärkten oder einfach daheim erzielen. Steht ja sonntags alles in reicher Fülle zur Verfügung, was unter der Woche so sparsam dosiert ist: Zeit, Muße und tausend Gelegenheiten, das einzusetzen. Ja, auch für die Reorganisation der Briefmarkensammlung oder den Nachbau des Brandenburger Tors mit Speiseeisstielen oder den Kurztrip. »Mal rauskommen« kann jeder für sich selbst übersetzen. Das ist ja das große Geschenk, das einem der Sonntag macht.

8 Die dunkle Seite der Macht

> *»Endlich hat man einmal Zeit,*
> *geht spazieren, steht herum,*
> *sucht mit seiner Gattin Streit*
> *und bringt sie und alle um.«*
> Erich Kästner »Kleine Sonntagspredigt«

Oh, wie schrecklich Sonntage sein konnten. Als Kind, wenn einem die Langeweile wie Kaugummi an den Schuhen klebte. Wenn die Zeit unendlich lange Fäden zog, weil man weder auf der Straße noch auf dem Hof Lärm machen durfte und ohnehin gar nicht gewusst hätte, mit wem und womit. Der Ball war dauerkonfisziert, und dann war es den meisten Kindern sowieso untersagt, die Angehörigentruppe zu verlassen. Stattdessen hatte man gefälligst zu erledigen, was man heute neudeutsch »Quality Time« nennt. Nach Kräften aufzuholen, was unter der Woche mangels Zeit und Gelegenheit auf der Strecke geblieben war: gemeinsame Essen, Verwandtschaftsbesuche, im Chor Tante Gerlindes Marmorkuchen lobpreisen, der sich anfühlte, als hätte man eine ganze Kelle Staub im Mund. Wenigstens blieb uns drei Geschwistern ein weiteres sonntägliches Kindheitsübel erspart: unter väterlicher Aufsicht Mathe, Latein oder Deutsch zu lernen. Das sei eine Art Zweikomponentensprengstoff, wie uns unsere Freunde am Montag in der Schule berichteten, vollkommen erschöpft von all der sonntäglichen Aufmerksamkeit ihrer Erziehungsberechtigten. Zum Glück war die einzige Ambition in dieser Richtung, die mein Vater jemals verspürte, bloß sportlicher Natur. Die Bundesjugendspiele nahten, und wir hegten beide die Hoffnung, dass meine Wurfschwäche nur eine Frage der Technik war. Einen Monat lang investierte mein Vater seinen einzigen freien Tag, um auf dem »Kerbplatz« um die Ecke mit mir zu trainieren. Bis wir uns darauf einigten, dass wir es mit einem unveränderlichen Merkmal zu tun hatten, einer Behinderung wie Rot-Grün-Blindheit. Er versicherte mir, Dabeisein sei ohnehin alles. Ein Irrtum, wie sich herausstellte. Ähnlich wie dieses so emsig verbreitete Gerücht, es handele sich beim Sonntag um eine grundgute Naive, die wie dauerbekifft lächelnd durch die Zeiten reist und überall nur Strahlen, Glück, Begeisterung verteilt.

Nein, der Sonntag kann auch ganz anders: düster, sterbenslangweilig, böse, spießig, kleinkariert und scheinheilig. Franz Josef Degenhardt besang die Schrecken in seiner Schmähung *Deutscher Sonntag:*

Wenn die Bratendüfte wehen
Jungfrau'n den Kaplan umstehen
Der so nette Witzchen macht
Und wenn es dann so harmlos lacht
Wenn auf allen Fensterbänken
Pudding dampft, und aus den Schänken
Schallt das Lied vom Wiesengrund
Und dass am Bach ein Birklein stund –

Alle Glocken läuten mit
Die ganze Stadt kriegt Appetit –
Das ist dann genau die Zeit
Da frier' ich vor Gemütlichkeit!
Pampapam, pampampapam …

Aus heutiger Sicht wirkt das ziemlich gallig. Doch als das Lied 1965 entstand, war es der gesamtdeutschen Gemütslage durchaus angepasst. Damals wurde einem noch gesagt, dass man ja auch »rübergehen« könnte, wenn es einem nicht »passt«, und dass es »so was« wie lange Haare oder zerrissene Jeans oder eine eigene Meinung unter Adolf nicht gegeben habe und man das wohl noch sagen dürfe! Jedenfalls solange das Kind seine Füße unter den elterlichen Tisch stellte. Der Sonntag galt als Epizentrum all der ideologischen und emotionalen Schlacken des Nationalsozialismus und dieser schrecklich beklemmenden deutschen Gemütlichkeit, die ihn mit aus der Taufe gehoben hatte. Und er blieb ein Schreckgespenst der Jugend. Auch für die Band Tocotronic:

Wer hat das Wochenende erfunden?
Die ganze Menschheit geht daran zugrunde
Zugrunde an der Gemütlichkeit
Zugrunde an der Gartenarbeit
Zugrunde an zu viel Freizeit.

Längst war klar, dass der Sonntag zwei Seelen, ach, in seinen vierundzwanzig Stunden beherbergt, gleichzeitig Mr Hyde *und* Dr. Jekyll sein kann. Ein Stimmungsaufheller *und* ein »Pain in the ass«.

Sonntagseinsamkeit

Vor allem für Singles ist der Sonntag eine Zumutung. Von Montag bis Samstag fällt es oft nicht mal ihnen selbst auf, dass sie keinen Partner haben. Dann kommt das Wochenende, und das scheint den Familien und Paaren zu gehören. Allüberall sieht man sie ihre vermeintlich innigen Beziehungen aus- und vorführen. Als gäbe es da draußen eine Pärchenmanufaktur, die sonntags Sonderschichten schiebt, um Unmengen Salz in die schwelende Wunde des Solisten zu streuen. Mit Erfolg. Laut einer Umfrage fühlen sich neun von zehn Singles sonntags am einsamsten. Eine Freundin, seit einigen Jahren schon Single, erzählt: »Jeden Sonntag stelle ich mir vor, wie all die Paare gerade die herrlichsten Dinge unternehmen und selbstverständlich alle lebensverändernden Sex haben.« Auch auf der anderen Seite des Gartenzauns wird geträumt, was das Zeug hält. Dort, wo das Gras angeblich besonders am Sonntag grüner sein soll, fühlt man sich genauso im falschen Leben. Da sehnen sich auch liierte Frauen nach einem Mann, nach einem anderen als dem, der sich gerade auf sein Rad geschwungen hat, um bis zum Abend »mit den Jungs« unterwegs zu sein. Einem, der ihnen ein köstliches Frühstück ans Bett bringt und sich nicht vor dem Abwasch hinter der Zeitung versteckt. Der nicht »Och nö!« sagt, wenn sie einen Spaziergang machen oder ins Museum gehen will. Der seine Frau nicht bei seiner Mutter absetzt, damit die wen zum Reden hat, um dann selbst in die Kneipe oder auf den Fußballplatz zu entschwinden, wo er mit anderen Familienlebenflüchtern gerade so lange unterwegs sein wird, bis die Kinder im Bett sind. Man kommt ja sonst nicht zum Hadern mit seinem Schicksal, und so ein freier Tag ist eine perfekte Gelegenheit, den Istzustand mit dem romantischen Plansoll abzugleichen. Wie sonst kein anderer Tag gebiert der Sonntag Fantasien von einem anderen, besseren Leben und Lieben. Und, als direkte Folge daraus, Enttäuschung in der Familienpackung. Frauen blicken auf ihren Mann, der jetzt einfach mal seine Ruhe haben will, und überlegen, ob man als Single nicht sowieso besser dran wäre. Männer finden es anstrengend, jetzt auch noch Beziehungsarbeit leisten zu müssen. Man fühlt mit Kästner, der einmal schrieb: »Und am schlimmsten ist die Einsamkeit zu zweit.« Dabei zählt das sonntägliche Unbehagen an der Beziehung noch zu den vergleichsweise erträglichen Charakterschwächen dieses Tages. Er kann nämlich auch ein echter Schläger sein. Sonntags, so die Berliner Polizeistatistik, erreichen die Fälle von häuslicher Gewalt ihren wöchentlichen Spitzenwert. Besonders gefährlich: die Stunde zwischen 18 und 19 Uhr. Mit über 3200 gemeldeten Taten ist sie die gewalttätigste von allen. Die Opfer sind fast immer Frauen.

Ja, der Sonntag kann der traurigste Tag der Woche sein. Aber ist es seine Schuld, wenn zwei sich nur dann verstehen, sofern sie sich aus dem Weg gehen können? Er ist nur die Gelegenheit zur Beziehungskrise, nicht der Grund. Wäre der Sonntag bei Parship, hätte er ohnehin die maximale Zahl an »Matching-Points« mit der taufrischen Liebe. Ganz am Anfang, wenn sie noch ein Mitmachspiel ist, wenn man gar nicht weiß wohin mit all der Leidenschaft, den gemeinsamen Plänen, mit seinen

Händen und mit den Gefühlen. Für alle anderen Lebens-
wie Liebesstadien gilt vermutlich, was Kurt Vonnegut
1978 den Studenten der Abschlussklasse am Fredonia
College in New York auf ihren weiteren Weg mitgab:
»Egal in welchem Alter wir jetzt sind, wir werden für den
Rest unseres Lebens gelangweilt und einsam sein.« So ist
das wohl. Nicht nur, aber auch und gerade am Sonntag,
wenn die Enttäuschungen und die unerfüllten Sehn-
süchte in den Himmel schießen, dorthin, wo doch eigentlich Geigen hängen sollten. Befeuert von viel zu großen
Erwartungen an einen einzigen Tag, an einen einzigen
Menschen. Ungebremst von der Erkenntnis, dass gerade
am Sonntag nicht »alle Tage Sonntag« sein kann und niemand, nur weil der Datumszeiger umspringt, ein ganz
anderer Mensch ist als am Montag, Dienstag, Mittwoch,
Donnerstag, Freitag, Samstag. Manche hassen eigentlich
nicht den Sonntag, sondern ihren Partner und ihr Leben.
Andere aber werden tatsächlich von einem »Gefühl der
Öde und Leere, der Inhaltsleere und Sinnlosigkeit des
Daseins« überwältigt, wie Viktor Frankl es beschrieb, und
sind damit ganz klar in den Klauen der »Sonntags-
neurose«.

Sonntags-Störungen

Schon 1919 hatte der ungarische Psychoanalytiker Sándor
Ferenczi wiederkehrende »Störungen an Sonntagen« bei
seinen Patienten festgestellt. Er beschrieb die typischen
Symptome in seinen *Schriften zur Psychoanalyse* als Kopf-
schmerzen und Magen-Darm-Probleme, »die sich ohne

besondere Ursache an diesem Tage einzustellen pflegten und den jungen Leuten den einzigen freien Tag der Woche oft gründlich verdarben«. Als Erklärung dieser »sonderbaren zeitlichen Bestimmtheit ihrer Zustände« glaubte er zuerst an rein körperliche Ursachen. Er hatte den radikal geänderten Schlafrhythmus oder das viel üppigere Essen als Verursacher in Verdacht. Als Therapie empfahl er seinen Patienten deshalb, ihren Wochenrhythmus beizubehalten, also auch am Sonntag früh aufzustehen und Maß zu halten. Es nützte nichts: Die Symptome blieben. Ferenczi nahm nun an, dass die unvermutete Freiheit am Wochenende der Übeltäter sein könnte. Mit dem Nachlassen des äußeren Drucks würde auch »ein Teil der sonst schon dauernd unterdrückten Triebe frei«. Und in dem Umfang, in dem die »äußere Zensur« aufgehoben sei, würde auch die »innere« nicht einsehen, wieso sie eigentlich noch angestrengt auf Zucht und Ordnung pochen soll, und dem Übermut Auslauf geben. So käme man aber nun mit dem in unserer Kultur vorinstallierten Gewissen in Konflikt. Und schließlich würden sich die »unterdrückten Regungen samt den dagegen mobilisierten Selbstbestrafungsfantasien in kleinen hysterischen Symptomen manifestieren«.

Dass Freiheit nicht in jedem Fall zu Freude führt, fand Ferenczi durch ganz ähnliche Zustände bei Urlaubern belegt. Er nannte sie »Ferialneurosen« und umschrieb sie als »Faulheit, derer man sich nicht erfreuen kann« sowie als »spannungsvolle Langeweile«, die sich durch keinerlei Aktivitäten vertreiben ließe. Mit diesem Phänomen beschäftigte sich Anfang der 1990er-Jahre auch der österreichische Neurologe und Psychiater Viktor Frankl. In seiner *Psychotherapie für den Alltag* sah er die Ursachen für das sonntägliche Unwohlsein allerdings weniger in der Kollision entfesselter Triebe mit dem inneren Tugendwächter, sondern vielmehr im kurzen Bremsweg des Wochenendes. Seine Annahme: Der Alltag brettere übergangslos mit viel zu hoher Geschwindigkeit in den sonntäglichen Stillstand. Von jetzt auf gleich hätten wir keine Vorgaben mehr, keine Struktur. Viel zu plötzlich sollten wir Selbstversorger sein, müssten uns selbst ein Leitsystem erfinden, unseren inneren Kompass einnorden. »Dieses Erlebnis der Ziel- und Zwecklosigkeit allen Bemühens habe ich als existenzielle Frustration bezeichnet, d. h. als Unerfülltheit des uns zutiefst innewohnenden Willens zum Sinn.« Vermutlich haben beide recht. Ferenczi mit seiner Theorie, dass freie Zeit Wünsche und Emotionen entfesselt, die Schuldgefühle auslösen. Aber auch Frankl, der das größte Problem mit dem Sonntag in unserer Unfähigkeit zur Selbstbestimmung sah. Da sich dies nicht bloß auf einen Tag beschränkt, sondern immer und überall dort auftritt, wo Menschen Freizeit haben, lautet die nun wissenschaftlich bestätigte Diagnose heute »Leisure sickness«. Ad Vingerhoets, Professor für klinische Psychologie an der niederländischen Universität Tilburg, erfand den Namen. Auch er kam im Rahmen seiner Pilotstudie zu dem Ergebnis, dass Ruhe ungemein stressig sein kann. Aus vielerlei Gründen. Einer davon: der schlechte Ruf des Nichtstuns hierzulande und damit auch der schlechte Ruf derjenigen, die am Wochenende nicht irgendeiner rekordverdächtigen und/oder eindrucksvollen Aktivität nachgehen. Also nicht wenigstens einen Marathon laufen, ihr Handicap beim Golf verbessern oder ein Coaching besuchen. Viele behandeln den Sonntag wie einen Zweitjob und verlängern die Arbeit am Wochenende einfach um die Angebote der Freizeitindustrie. Wie die Lemminge folgen sie der Devise »Lieber das bekannte Unglück als das unbekannte Glück!«. Diese Haltung wird noch befeuert vom Trend zur Multioptionsgesellschaft. Wir leben in einem Überfluss an Wahlmöglichkeiten, in der jede Entscheidung für etwas zwangsläufig auch eine gegen alles andere ist. Umso mehr Alternativen es gibt, umso mehr verbucht unser Gehirn unsere Wahl als suboptimal. Und niemals als perfekt. Um das nachzufühlen, genügt es eigentlich schon, sich vorzustellen, auf diesem Planeten hätte jede Frau bloß zehn Männer fürs Leben zur Auswahl. Es wäre relativ schnell klar, was gegen neun und für den einen spricht. Bei einer Auswahl von 600 könnte man praktisch mit George Clooney nach Hause gehen und hätte trotzdem das unbestimmte Gefühl, etwas verpasst zu haben. Ashton Kutcher oder Brad Pitt zum Beispiel. Zu viel Auswahl baut enorme Erwartungen an das Ergebnis auf. Auf den Sonntag übertragen bedeutet das: Jedes Ja, etwa zum Yoga, geht automatisch mit einem Nein einher – zum Rad fahren, Schwimmen im See, Kinobesuch, Brunch, Tennismatch, Fußballschauen, Freunde besuchen, im Garten liegen, Steuererklärung machen, ein Buch lesen, die Wohnung aufräumen, im Garten arbeiten, Sex haben, auf dem Balkon liegen, Spazieren gehen oder einen Kuchen backen. All das soll nun eine Yogastunde ausgleichen, damit wir die Entscheidung nicht bereuen. Anstatt uns also am »herabschauenden Hund« oder am »Krieger« oder am »Sonnengruß« zu erfreuen, fragen wir uns, ob man nicht doch besser etwas anderes hätte tun sollen. Ob es nicht mehr Spaß gemacht hätte, mit Freundinnen ins Museum zu gehen oder einfach auf dem Sofa zu bleiben.

Ein typisches Sonntagsdilemma, dem nur entgeht, wer seine Optionen durch Einsicht in die eigenen zeitlichen, aber auch emotionalen, sozialen und psychischen Ressourcen begrenzt. So wie meine Eltern. Sie fanden, wer Kinder hat, der könne eben nicht außerdem noch dauernd ausgehen oder verreisen oder ein raumgreifendes Hobby pflegen, und sie lebten das auch. Ohne Bedauern. Es war einfach so. Heute versucht man, möglichst alle Optionen wahrzunehmen. Ist ständig auf der Suche nach etwas, das möglicherweise noch besser ist als das, was man gerade hat. Wir praktizieren sozusagen ein Pitt-Clooney-Kutcher-Lebensmodell und nehmen damit die Abkürzung in die Sonntagsvorhölle. Wer immer alles mitnehmen will, wird wie Bernard Fokke, der fliegende Holländer, auf einem Meer an Optionen dahinsegeln, ohne Aussicht, jemals im Hafen der Zufriedenheit anzukommen. Es liegt ja in der Natur der Zeit, dass sie uns nur vierundzwanzig Stunden pro Tag zur Verfügung stellt und wir dabei zwangsläufig irgendwas auslassen müssen. Natürlich immer gerade das, was uns viel glücklicher gemacht hätte.

Wir wollen oft zu viel – und alles gleichzeitig. Vieles, was eigentlich der Entspannung dienen sollte, wird so zur lästigen, strapaziösen Pflicht: das Treffen mit Freunden, das Essen mit den Eltern, der sportliche Ausgleich, die Horizonterweiterung im Theater oder beim Konzert. Aber wenn ich Yoga sage, geht Museum eben nicht. Versuchen wir es trotzdem, gerät der Sonntag unter Druck und bietet keinerlei Ausgleich mehr zum Alltag. Er ist dann lediglich die Fortsetzung der Arbeitswoche mit den Mitteln des Freizeitstress. Der kleine Unterschied: Während man fünf Arbeitstage lang den blöden Chef, die anstrengenden Kollegen und die nervigen Kunden für die Überlastung verantwortlich machen kann, müsste man am Montag schon sagen: Also, ich hatte wirklich ein grauenhaftes Wochenende, und bin auch noch selbst schuld. Ich hätte es mir ja anders einteilen können. Stattdessen tut man aber so, als wäre es ein herrlicher Klacks, morgens joggen zu gehen, danach die Schwiegereltern zum Brunch zu treffen, mit den Kindern die Nachmittagsvorstellung von *Hotel Transsilvanien 3* zu sehen und abends noch für die Nachbarn zu kochen. Frei nach der Devise »Und wenn morgen das Burn-out droht, buche ich heute noch ein Achtsamkeitsseminar, um mal richtig runterzukommen«. Oft scheint es, als seien wir die Einzigen, die es einfach nicht schaffen, alles mitzunehmen – ein Eindruck, den die sozialen Medien schüren. Wenn man sieht, was die 534 engsten Facebook-Freunde sowie jene, denen man bei Instagram folgt, alles aus einem einzigen gar nicht mehr freien Tag machen, ist man schon deprimiert. Dabei sind wir einfach nicht dazu gedacht, mehrere Bälle gleichzeitig in der Luft zu halten. Ein Überangebot an Möglichkeiten versetzt unser Gehirn in Daueralarm und führt zu einem Gefühl des Getriebenseins, das uns die ganze schöne Sonntagsgelassenheit verhagelt. Befeuert wird der Sonntagsstress dann auch noch von der Aussicht auf den Montag, mit all seinen Unsicherheiten und seinen Herausforderungen. Laut einer amerikanischen Studie leiden vor allem Menschen mit hohem Bildungsstatus darunter, immer schon in Gedanken bei der Arbeit zu sein: Akademikern fällt es besonders schwer, in den Sonntagsmodus zu kommen, kleine Brötchen zu backen, anstatt immer weiter am ganz großen Rad zu drehen.

Wir Ruhelosen

Mag sein, dass die Welt am Sonntag ohne Gott auskommt, aber sicher nicht ohne Dr. Dr. Müller oder Professor Schmidt oder den Vorstandsvorsitzenden oder den Landrat.

Entsprechend groß ist die Verstimmung, wenn solche am Wochenende das Superheldenkostüm des Unverzichtbaren in die Garderobe hängen sollen und dann bloß noch »Hans-Werner« sind, der endlich mal den Keller aufräumen könnte oder mit seinem eigen Fleisch und Blut ins Schwimmbad gehen. Die Sonntagsunzufriedenheit sei zwar, das ergab die oben genannte Studie des Ökonomieprofessors Wolfgang Maennig, auch mit der Aussicht auf den Montag und seine beruflichen Anforderungen begründet. Aber gerade für den gut Ausgebildeten sei die berufliche Bestätigung besonders wichtig – und für diese Droge gibt es eben am Sonntag keinen Ersatz. Jedenfalls nicht beim Rasenmähen oder beim Fußballturnier des Achtjährigen oder beim Kaffeetrinken mit den Schwiegereltern. Gerade die sogenannten Leistungsträger gaben auf Nachfragen an, am Wochenende lieber zu arbeiten, als Zeit mit der Familie zu verbringen. Die Freizeit, in der sie nichts »Produktives« tun können, empfinden sie als belastend, der Gedanke an alles Unerledigte macht sie unzufrieden. Offenbar hält das Familienleben die Leitwölfe von dem für sie Wesentlichen ab. Dazu zählt offenbar nicht die Bestätigung, einen perfekten Sauerbraten zubereiten zu können und nachher noch die Küche zu putzen, ein liebevoller Vater, aufmerksamer Ehemann und fürsorglicher Sohn zu sein. Manche kommen eben auch am Sonntag nicht aus ihrer Haut respektive aus ihrem Businessanzug. Sie wollen und können auch an diesem Tag nicht ruhen. Schon gar nicht von ihrer Bedeutung und ihrem Status.

Dabei gehörte das einst zu den Hauptaufgaben dieses Tages: uns eine Auszeit zu gewähren, auch von den Rollen, die wir glauben spielen zu müssen. Thomas Mann schreibt darüber in seiner Novelle *Das Gesetz*. Dort lässt er Gott zu Mose und dem Volk Israel sagen: »Sechs Tage sollst du ein Ackerer oder ein Pflugmacher oder ein Topfdreher oder ein Kupferschmied oder ein Schreiner sein, aber an meinem Tag sollst du … gar nichts sein, außer ein Mensch, und deine Augen aufschlagen zum Unsichtbaren.« Nichts tun, nichts sein müssen, das war mal eine Gunst und ein großer Luxus. Wer sich diesen Luxus werktags nicht leisten konnte, dem blieb wenigstens der Sonntag dafür. Vielleicht erklärt ja das den Sonntagsblues: dass wir uns jede Woche einmal selbst aus einem Paradies vertreiben. Einem, in dem wir nichts »bringen«, nichts darstellen, nichts posten müssten. Jedenfalls gehört eine gewisse Melancholie offenbar zur Grundausstattung des Sonntags. Wir sollten nicht gegen sie ankämpfen. Die emotionalen Ausschläge nach oben wie nach unten helfen uns bei der inneren Standortbestimmung. Oder, wie es Daniel Gilbert, Psychologe an der Harvard University, formuliert: »Welchen Nutzen hätte ein Kompass, dessen Nadel bewegungslos auf Norden verharrt?« Er würde uns immer nur im Kreise herumführen, aber kein Stück weiterbringen. Nichts ist deshalb schlimmer als das lauwarme Gefühlsmittelmaß. Ja, der Sonntag darf und soll sich ruhig mal als Montagsproduktion erweisen. Man muss auch mal mit den Augen rollen und nach Kräften missgelaunt sein können, denn nichts macht auf Dauer unglücklicher, als dauernd glücklich sein zu müssen.

Gloomy Sunday

Wer jetzt noch einen Tiefschwarzanstrich für sein Leben benötigt, dem sei *Das Lied vom traurigen Sonntag* empfohlen, ein Werk des ungarischen Pianisten und Komponisten Rezső Seress, Jahrgang 1899. Seress, der sich das Klavierspielen selbst beigebracht hatte, komponierte das Lied 1933, als Reaktion auf die Trennung von seiner Freundin. *Szomorú Vasárnap,* so der Originaltitel, der auf Deutsch etwa »Trauriger Sonntag« oder »Einsamer Sonntag« bedeutet, handelt von einem Mann, dessen Liebste gestorben ist und der sich überlegt, seinem Leben ein Ende zu bereiten, um wieder mit ihr vereint zu sein. Das Lied war so deprimierend, dass niemand den Song haben wollte. Seress hatte aber ohnehin ganz andere Probleme: Er war wegen seiner jüdischen Herkunft von den Ungarn von 1939 bis 1941 zur Zwangsarbeit in der besetzten Ukraine verurteilt worden, gemeinsam mit seiner Mutter, die das nicht überlebte. Seress bekam auch deshalb kaum mit, dass sein Lied als *Gloomy Sunday* in der Übersetzung von Sam M. Lewis und Desmond Carter dabei war, in den USA eine Weltkarriere zu starten. Die erste, die es auf die Erfolgsspur brachte, war 1941 Billie Holiday. Ihr folgten unter anderem Ray Charles, Elvis Costello, Bing Crosby, Marianne Faithfull oder Sinéad O'Connor. Bis heute nahmen insgesamt 150 verschiedene Künstler den Song in ihr Repertoire auf. Von Anfang an begleiteten düstere Legenden »das einfache ungarische Volkslied«, als das *Gloomy Sunday* in den USA galt. Man glaube an einen Werther-Effekt. Dank Zeilen wie

> *Gloomy is Sunday*
> *With shadows I spend it all*
> *My heart and I*
> *Have decided to end it all*

machten Gerüchte die Runde, das Lied habe in Ungarn zahllose Menschen in den Selbstmord getrieben. Es wurden Geschichten erzählt wie die des jungen Mannes, der sich erschossen habe, nachdem er in einem Budapester Café eine Kapelle gebeten hatte, *Szomorú Vasárnap* zu spielen. In einer anderen Variante hatte eine junge Frau eine Überdosis Medikamente genommen und zum Sterben die Schallplatte auf ihrem Grammofon abgespielt. Angeblich soll die BBC sogar darüber nachgedacht haben, das Lied zu boykottieren, damit es nicht noch mehr Todessehnsucht auslöst. Andere nutzten die Aufmerksamkeit, um Absatz zu machen. Coco Chanel etwa kreierte ein schwarzes Abendkleid mit Bezug auf das Lied, und in Ungarn verkaufte man ein Gloomy-Sunday-Klavier, drapiert mit Totenköpfen und Leuchtern. Das Lied spielte Millionen Dollar ein. Doch Seress reiste nie in die USA, um seine Rechte an dem Erlös geltend zu machen. Er blieb im 7. Bezirk in Budapest, dort, wo einst die Nazis das jüdische Getto errichtet hatten. Traurige Pointe der Geschichte: Auch er beging mit neunundsechzig Jahren Selbstmord. Er sprang aus dem Fenster und überlebte, um sich dann im Krankenhaus am 11. Januar 1968 zu erhängen. In der Traueranzeige der *New York Times* war zu lesen: »Laut Mr Seress sei sein Unglück mit dem Erfolg des Liedes nur gesteigert worden, da er gewusst habe, er könne nie wieder einen so großen Schlager komponieren.« So hätte er am Ende selbst noch den Mythos vom ungarischen Selbstmordlied befeuert. Allerdings hat sich keiner der Interpreten seines *Gloomy Sunday* das Leben genommen. Möglicherweise, weil ihnen die in Ungarn kulturell so tief verankerte todessüchtige Seelenschwere fehlte. Regelmäßig belegt das Land die letzten Plätze bei Umfragen zur Lebenszufriedenheit in Europa und einen der ersten bei den Selbstmordraten. Laut der Weltgesundheitsorganisation ist sie doppelt so hoch wie in Deutschland. In Ungarn braucht man keinen Sonntag für den Blues, aber unbedingt eine klare Brühe und ein Schnitzel, um zu schmecken, dass Sonntag ist. Denn auch das hat dieser Tag hervorgebracht: seine ganz eigenen kulinarischen Sensationen.

9 Die unendlichen Weiten des kulinarischen Raums

> *»Das Leben ist ein Picknick.*
> *Sei nicht das Arschloch,*
> *das die Servietten mitbringt.«*
> Englisches Sprichwort

»Versammelt euch jeden Sonntag, teilt das Brot und sagt Dank«, heißt es bereits um 60 n. Chr. in der Didache, der frühen Kirchenordnung. Die Urchristen trafen sich damals unter konspirativen Bedingungen, um noch heimlich ihren Glauben zu praktizieren. Dieser erste Tag der Woche war der Tag der Auferstehung Christi und sollte dementsprechend auch ein Freudenfest sein. Wie sich das für ein Fest gehört, gab es etwas zu essen. Das bestätigt auch das evangelikale Lexikon der Theologie: »Es ist offensichtlich, dass bis zu der Zeit, als Paulus an die Korinther schreibt (ca. 55 n. Chr.), die Gemeinde die Praxis hatte, zu einer gemeinsamen Mahlzeit zusammen-zukommen, bevor sie das Herrenmahl feierte (1 Kor 11,17–34).« Das Sonntagsmahl war damit Gründungs-mitglied des Christentums und von Anfang an als gesellí-ges Verteilungserlebnis ausgelegt. Die gemeinsame Mahlzeit stillte nicht nur Hunger und Durst, sondern besaß auch emotionalen Nährwert, war Ausdruck der christlichen Brüderlichkeit. Schon damals war es mehr als unfair, dass nicht auch gleich der christlichen Schwesterlichkeit gedacht wurde. Schließlich waren es die Frauen, die fortan in der Küche standen, um über die Jahrtausende hinweg ihre Lieben und Nächsten mit Sonntagsbraten, Brunch, Picknick und Kaffeetafel daran zu erinnern, dass dieser eine Tag wie keiner ist.

Das Prinzip Sonntagsbraten

»Sonntagsbraten?« Mein Nachbar schaut mich an, als wäre ich mit diesem Wort um fünfzig Jahre gealtert. »Den gibt es doch schon lange nicht mehr!« Er ist Lehrer an einem Gymnasium und behauptet, keiner seiner Schüler wüsste, was das überhaupt sei, ein Sonntagsbraten. »Zum Glück!«, sagt er. »Ich meine, ICH kann mich noch sehr gut an diese Zumutung erinnern. Wie mein Vater bei Tisch glaubte, nachholen zu müssen, was er die ganze Woche versäumt hatte, und erzieherisch an uns herumdilettierte: ›Wieso hast du nur eine Drei in Mathe? Habe ich etwa einen Idioten aufgezogen? Geh mal zum Friseur. Oder willst du etwa aussehen wie ein Mädchen!?‹ Und wie unglücklich meine Mutter war. Nach einem halben Tag in der Küche gab es nur Streit.« Ich sage, der Sonntagsbraten sei durchaus mehr als bloß die Arena pädagogisch-väterlichen Versagens oder Brandbeschleuniger für die Familienhölle, nämlich vor allem eine fantastische Idee. Es verhalte sich mit ihm wie mit dem Marxismus.

So wenig man den bloß wegen der DDR oder Kuba abschreiben könne, so wenig dürfe der Sonntagsbraten als Urheber für den Ernährungs-Stalinismus verantwortlich gemacht werden, für den er so oft die Initialzündung gab. Klar, es kommen beim Sonntagsbraten immer auch Gefühle auf den Tisch, die man unter der Woche so gut unter den Teppich kehren konnte. Kennen wir ja aus dem Kino, aus Filmen wie *Das weiße Band* oder *Das Fest* oder auch aus Büchern wie *Willkommen in Wellville* – wenn wir nicht ohnehin live dabei waren. Nicht wenige erlebten, was Jan Philipp Reemtsma einmal in einem Aufsatz schilderte: »Vier Stunden habe ich Vierjähriger vor dem Teller gesessen – wir aßen damals um 12 Uhr zu Mittag und um 16 Uhr war ich fertig – und auf den kleiner werdenden Haufen gerührten Blutes (mit drumrum wachsweißlich erkaltetem Fett, zu allem Überfluss noch mit Rosinen durchsetzt das Ganze und ›an‹ Kartoffeln) geblickt.« In seinem *Brief an den Vater* beschreibt Kafka ein ähnliches Benimm-Bootcamp bei Tisch: »Da ich als Kind hauptsächlich beim Essen mit Dir beisammen war, war Dein Unterricht zum großen Teil Unterricht im richtigen Benehmen bei Tisch. Was auf den Tisch kam, mußte aufgegessen werden, über die Güte des Essens durfte nicht gesprochen werden ...« Und natürlich wurde dabei auch gleich mal eben die Hierarchie klargemacht. Die Sonderstellung des Familienoberhaupts vor allen anderen: »Knochen durfte man nicht zerbeißen, Du ja. Essig durfte man nicht schlürfen, Du ja. Die Hauptsache war, daß man das Brot gerade schnitt; daß Du das aber mit einem von Sauce triefenden Messer tatest, war gleichgültig. Man mußte achtgeben, daß keine Speisereste auf den Boden fielen, unter Dir lag schließlich am meisten. Bei Tisch durfte man sich nur mit Essen beschäftigen, Du aber putztest und schnittest Dir die Nägel, spitztest Bleistifte, reinigtest mit dem Zahnstocher die Ohren.«

Selbstverständlich stand dem »Ernährer« das Beste und meiste von allem zu. Das größte Stück Fleisch für die wichtigste Person im Raum, ach was, im ganzen Universum. Jedenfalls betrachteten sich die Haushaltsvorstände so und verlangten entsprechende Würdigung. Es gab eine eigene Huldigungshalle oder auch »Folterkammer« für solcherlei sonntägliche Prozeduren: die gute Stube. Unter der Woche blieb sie verschlossen. Erst am Sonntag zur Mittagszeit öffnete die Hausfrau diese Bühne für das Familienidyll, den Exerzierplatz der »guten Kinderstube«, die man hier in Intensivkursen – dreigängigen Menüs bestehend aus Suppe, Hauptgang, Dessert – mühsam antrainiert bekam: essen mit Besteck, Mund halten, wenn die Erwachsenen sprechen, sich nicht den Teller zu voll machen, aufessen. Meine Schwiegermutter im Westerwald und einige meiner Tanten in Niedersachsen hielten so einen Raum bis vor einigen Jahren noch vorrätig. Nicht, dass sie mehr Platz gehabt hätten als andere. Lieber aber pferchte man gleich mehrere Kinder in ein Zimmer, als diesen Raum zu opfern und mit dieser alten Tradition zu brechen. Das machte durchaus Sinn: In Zeiten vor Staubsauger und Waschmaschine und der Verwandlung ganzer Häuser in Kinderspielplätze hätte es ewig gedauert, ein ganzes Zimmer in den Zustand jungfräulicher Reinheit zu versetzen. Deshalb die Sperrzone in den eigenen vier Wänden. Und auch ein wenig, weil die gute Stube eine bürgerlich-raumgreifende Großzügigkeit vortäuschte, die man so gern auch Besuchern vorführte. Ebenso wie das »gute Geschirr«, das in der »guten Stube« auf den Tisch kam. Das war man sich wert, das zeichnete den Sonntag aus, und das zeigte man gern her. Oder, wie es Urberliner heute noch formulieren: »Komm Se rin in die jute Stube!« Das klingt viel entspannter, als es ein Aufenthalt in der »guten Stube« jemals war, und vermutlich wurde der Feminismus an einem Sonntagmittag beim Blick auf die Mischpoke geboren, die das stundenlang liebevoll und aufwendig zubereitete Sonntagsmahl in fünf Minuten wortlos verschlang, um einen dann noch mit dem ganzen Abwasch sitzen zu lassen und mit der Vorbereitung auf die Kaffeetafel. Wie bei allem kommt es eben auch beim Sonntagsbraten darauf an, was man draus macht, aber auch, was auf den Tisch kommt.

Das empfanden auch die Politiker so, die die *Frankfurter Allgemeine Sonntagszeitung* 2017 nach ihren Sonntagsbratenerfahrungen befragte. Thomas Oppermann, SPD-Politiker und Vizepräsident des Deutschen Bundestags, der in einer kleinen Molkerei aufwuchs, erinnert sich etwa mit Wonne an den mütterlichen Rinderschmorbraten. Aber auch daran, wie man »beim Essen schauen musste, die richtige Portion zu nehmen. Denn was auf den Teller kam, musste aufgegessen werden. Lieber nahm ich zweimal. Wenn etwas auf dem Teller liegen blieb, war das unangenehm.« Die Grünen-Politikerin Katrin Göring-Eckardt hat das Prinzip Sonntagsbraten immerhin so überzeugt, dass sie es von daheim mitnahm zum Theologiestudium nach Leipzig, in ihre Wohngemeinschaft. »Bei mir haben sich gerne viele Freunde versammelt. Ich habe oft Falschen Hasen für uns gemacht, einen Hackbraten, den konnte man gut verlängern.« Und Julia Klöckner denkt beim Thema vor allem »an Rouladen und an ihre wunderbare dunkle Sauce. Und an Kartoffeln: Herrlich, wenn man sie mit der dunklen Sauce zerdrückt. Dazu an knackigen Endiviensalat. Ich denke an einen voll besetzten Tisch und daran, Zeit zu haben. Das war wie ein Ritual. Nach dem Gottesdienst hat sich meine Familie an unserem massiven Esstisch versammelt. Oft kamen Tante und Onkel mit meinen Cousinen und Cousins oder auch Lehrlinge aus dem Betrieb dazu.« Wie vermutlich alle Geschwisterkinder trainierte auch die Bundesministerin für Ernährung und Landwirtschaft an der Familientafel Wichtiges fürs Leben. »Die Technik, wie wir am schnellsten an den Topf kommen, haben mein Bruder und ich bis heute nicht verlernt.«

Ja, es steckt viel Gutes im Sonntagsbraten. Und letztlich kann man ihn kaum dafür verantwortlich machen, wenn Familien nicht mal zwei Stunden die Woche an einem Tisch sitzen können, ohne dass sich Abgründe in der Größenordnung des Andreasgrabens auftun. Er war, ganz im Gegenteil, von Anfang an nur gut gemeint. Als sozialer und kulinarischer Top Act der Woche. Als Gelegenheit, sich gemeinsam und mit Muße für ein liebevoll zubereitetes Essen am Tisch zu versammeln. Ihm verdankt der Sonntag auf ewig seinen Signaturduft nach Schweine- oder Rinderbraten, nach Lammschulter. Und es war so klar wie idealerweise die kräftige Brühe davor, dass es so etwas nur sonntags gab. In alten Kochbüchern taucht das Wort »Sonntagsbraten« nicht mal auf, so selbstverständlich war er. Dafür ruhten die Frauen sonntags nicht, sondern rollten Klöße, verschnürten Rollbraten, rührten Soßen und putzten Gemüse. Ganz egal, wie berufstätig sie unter der Woche waren und wie ruhebedürftig am Wochenende. Meine Mutter jedenfalls hat stets nach der Devise gekocht: »Und wenn ich gestern noch einen Zwölfstundentag hatte, werde ich morgen trotzdem einen fantastischen Braten, hinreißende Rouladen, göttliches Gulasch oder himmlische Kalbsleber zubereiten.« Das galt es selbstverständlich zu würdigen. Ich war wirklich *jeden* Sonntag zum Essen bei meinen Eltern. Tapfer ignorierte ich es, wenn im Freundeskreis die Rede darauf kam und ich merkte, wie uncool das viele fanden. Manchmal erzählte ich dann, wie ich gleich mit achtzehn von daheim in eine Wohngemeinschaft gezogen war, die so chaotisch war, dass wir einmal sogar eine ganze Geburtstagstorte verlegten. Erst vier Wochen später fand sie eine meiner Mitbewohnerinnen oben auf dem Küchenschrank. Ich dachte, der Sonntagsbraten brauche dringend das anarchische Gegengewicht dieser Erzählung. Und ich auch – um nicht in den naheliegenden Verdacht zu geraten, an der Familientafel die Abnabelung von den Eltern geschwänzt zu haben. Zu meiner Erleichterung las ich irgendwann im *Hamburger Abendblatt* ein Interview mit Tim Mälzer, der sagte: »Ich glaube, dass die 68er-Generation, die sich gegen Familie und Tradition gewehrt hat und damit auch gegen den ›spießigen‹ Sonntagsbraten, vieles kaputtgemacht hat. Es hat lange gedauert, bis man gemerkt hat, ich kann jung sein, kreativ und wild und trotzdem sonntags mit Mama und Papa Braten essen.«

Als meine Mutter vor ein paar Jahren starb, war die wichtigste Frage einer ihrer Schwestern: »Und? Wer kocht jetzt sonntags?« Als ich mich meldete, meinte sie nur lapidar: »Da musst du sicher noch einiges lernen.« Ja, das war beleidigend. Zumal von einer Frau, die den zweifelhaften Ruf genießt, Braten zubereiten zu können, die man fortlaufend bewässern möchte, weil sie trockener sind als die Sahelzone. Dennoch habe ich die Tradition des sonntäglichen Familienessens fortgesetzt. Dafür stehe ich allerdings nicht mehr stundenlang in der Küche, sondern folge dem allgemeinen Trend zum Kurzgebratenen: zu Wiener Schnitzel, Frikadellen, Steak, Fisch. Ohnehin hat es eine entscheidende Umbesetzung der Hauptdarsteller gegeben, ist doch das Wichtigste am Sonntagsbraten längst nicht mehr das Fleisch. Es sind vielmehr seine sozialen wie emotionalen Sattmacher wie Zuwendung, Aufmerksamkeit, Zusammenhalt, aber auch Struktur. Das alles gewinnt umso mehr an Bedeutung, als wir ein To-go-Leben führen und uns ernähren, als wären wir Nomaden ohne Küche und Esstisch und ohne Bindungen, außer zur Fernbedienung und zur Mikrowelle. Studien zeigen, dass Familien, die gemeinsam essen, deutlich gesünder leben als solche, die es nicht tun, und auch mehr miteinander reden, was nicht zuletzt die Sprachentwicklung von Kindern fördert und sich also auch in schulischen Leistungen niederschlägt. In den USA war man so beeindruckt von den Effekten der »family meals«, dass manche Bundesstaaten gemeinsam mit ihren Universitäten Initiativen zur Förderung der Familienmahlzeit ins Leben riefen. Mit dem Schlachtruf »Say yes to family meals« gab man beispielsweise in Iowa Rezeptkarten als Fördermittel für die Unerfahrenen aus:

1. Man nehme eine sehr beschäftigte Familie,
2. füge eine starke Sehnsucht hinzu, mehr Zeit miteinander zu verbringen,
3. arbeite kreative Ideen ein darüber, wann und wo gegessen wird,
4. ebenso: Komplimente und schöne Gesprächsthemen,
5. garniere das Ganze mit guten Manieren,
6. füge eine Prise Dank hinzu
7. und serviere das Ganze mit einer Auswahl an einfachen, gesunden Lebensmitteln.
8. Das Ergebnis: eine Familie mit starken Kommunikationsfertigkeiten und Bindungen.

Was außerdem nicht vergessen werden darf: dass der Sonntagsbraten einem nicht nur das Familienleben retten kann, sondern auch den Planeten. Wenigstens ein bisschen. Wie unsere Vorfahren können auch wir uns nämlich eigentlich nur noch ein Mal die Woche Fleisch leisten. Gerade weil es so billig ist, wegen der Gräuel der Massentierhaltung und dem, was sie in unserer Umwelt anrichtet, an Ressourcen verschlingt. Bei der Herstellung eines einzigen Kilogramms Rindfleisch fallen 335 Kilogramm Kohlendioxid an (das entspricht einer Autofahrt von Hamburg nach Rom), werden 15 500 Liter Wasser verbraucht, benötigt man 25 Kilogramm Futter. In der Viehmast eingesetzte Antibiotika und Hormone verschmutzen das Grundwasser. Der Rindfleischverzehr in Deutschland beansprucht zudem mehr als doppelt so viel Fläche wie der hiesige Konsum von Kartoffeln und Weizen zusammen, obwohl wir davon mehr als das Zehnfache dessen verzehren, was wir an Rindfleisch konsumieren. Wir essen durchschnittlich ganze vier Kühe und Kälber in unserem Leben. Dazu 945 Hühner, 46 Schweine, 37 Enten und 12 Gänse. Männer essen übrigens fast doppelt so viel Fleisch wie Frauen. Vielleicht auch mit ein Grund, weshalb sie eher sterben. Denn auch das ist wissenschaftlich belegt: Durch einen erhöhten Verbrauch von tierischen Proteinen und Fetten steigt das Risiko für Herz- und Gefäßkrankheiten, Krebs, Fettleibigkeit und Diabetes. Nichts, worüber man sich Sorgen machen muss, beschränkt man seinen Konsum auf wenig bis kein Fleisch unter der Woche und ein besonderes Fleischgericht am Sonntag. Natürlich aus artgerechter Haltung. Frei nach Wilhelm Busch stimmt dann gleich im doppelten Sinn: »Wer einen guten Braten macht, hat auch ein gutes Herz.«

Seit der Sonntagsbraten nichts mehr muss und sich herumgesprochen hat, was er alles kann, erlebt er eine ungeahnte Renaissance. In ihr offenbart sich die Sehnsucht nach Zusammenhalt, Familienidylle und Verbindlichkeit. Dabei ist es egal, ob tatsächlich ein Braten oder etwas Vegetarisches auf den Tisch kommt, ob die Teilnehmer Blutsverwandte sind oder eine selbst gewählte Familie. Hauptsache, die Rahmenbedingungen stimmen. Dazu gehört unabdingbar der feste Termin. Oder, anders formuliert: Ein Sonntagsbraten am Mittwoch ist so sinnlos wie ein Bikini in der Antarktis. Ebenso einer, über dessen Datum man stets neu verhandeln soll, weil er dann erfahrungsgemäß bald den Tod aller guten Vorsätze stirbt, denen man einen allzu großen Planungsspielraum gewährt. Ja, ein ganz kleines bisschen Druck gehört schon dazu. Gerade so viel, wie man braucht, damit sich ein

Ritual, eine Tradition etabliert. Etwas, das man auch zelebriert, wenn man eigentlich lieber mal ausschlafen oder ganz allein auf dem Sofa vor einer Wiederholung von *Pretty Woman* irgendwas vom Lieferservice in sich hineinlöffeln möchte. Etwas, das einen gerade deshalb entlastet, weil es eben nicht zwingend dauernd ganz doll viel Spaß machen muss, und dessen tieferer Sinn sich vielleicht nicht immer sofort, aber ganz sicher irgendwann offenbart. Spätestens, wenn man wie der Wittener Rentner Walter Bartels vielleicht eines Tages allein am Esstisch sitzt. Nach dem Tod seiner Frau Lorle hatte sich der damals Fünfundneunzigjährige zunehmend einsam gefühlt. Vor allem sonntags. Also schaltete er einen Aufruf in der örtlichen Tageszeitung mit dem Wortlaut: »Suche Gesellschaft, biete Sonntagsbraten!« Nach Erscheinen der Anzeige stand das Telefon nicht mehr still. Vierzig Essenseinladungen notierte er allein am ersten Tag. Eine erhielt Bartels direkt an seiner Tür von einem Leser, der ihn gleich für den nächsten Sonntag buchte. Zu Familienanschluss und Schweinefilet in Pfeffersoße. Es folgten Rollbraten, Gulasch, viele Gespräche über ein langes, prallvolles Leben. Immerhin war Bartels studierter Bühnenbildner, überlebte den Krieg als Fallschirmjäger, erfand Förderbandrollen für den Bergbau, schrieb Bücher, führte eine Wochenzeitung und eine Galerie. Eine typische Sonntagsbraten-win-win-Situation. Bartels' Resümee nach seiner Aktion, die bis in die USA für Schlagzeilen sorgte: »Die Menschen sind gut, du musst ihnen nur auch etwas bieten, damit sie Kontakt zu dir aufnehmen.«

In brunch we trust ...

»Und die Mutter blickte stumm / Auf dem ganzen Tisch herum«, so beschrieb Struwwelpeter-Erfinder Heinrich Hoffmann einst den Horror Vacui der sonntäglichen Familientafel. Als der Tag des Herrn noch mit dicken Soßen, eingekochtem Gemüse, üppigen Fleischbergen geehrt wurde. Als die Teilnehmerzahl des Mittagsmahls streng auf die Familienmitglieder beschränkt war. Als man schweigend zu essen hatte und keiner seinen Platz verlassen durfte, ehe der Teller leer war. Das Sonntagsmahl war lange die autoritärste Mahlzeit der ganzen Woche, eingezwängt in ein enges Korsett aus Verhaltensmaßregeln und diktatorischen Menüplänen. Kein Wunder, wenn der Mensch bald danach trachtete, an seinem freiesten Tag dem engen Korsett aus Verhaltensmaßregeln und diktatorischen Menüplänen zu entfliehen. Man wollte sich endlich auch beim Essen locker machen können, anstatt bewegungslos in der kulinarischen und sozialen Zwangsjacke des Sonntagsbratens festzustecken. So kam es zur größten Unabhängigkeitserklärung bei Tisch, dem rebellischen Brunch.

Das kulinarische wie sprachliche Hybrid aus Breakfast und Lunch kannte dabei nur eine Vorschrift: »Alles, was gut ist, in möglichst großer Auswahl und viel davon«, wie der britische Autor Guy Beringer bereits 1895 als Erster den Brunch als Synonym des legendären Schlaraffia beschrieb. Natürlich nicht, ohne auch die sozialen Kompetenzen dieser Mahlzeit zu betonen: »Der Brunch ist heiter, gesellig, anregend und kommunikativ«, lockte Beringer die Genießer. Und er pries den Brunch als höchst effektiven und dennoch legalen Stimmungsaufheller: »Er bringt dich in gute Laune, er macht dich zufrieden mit dir selbst und deinen Mitmenschen, er entfernt die Sorgen und Spinnweben der Woche.« Eine Utopie, die trotz oder gerade wegen ihrer damals so gewagten Verlockungen zunächst verhallte. Es brauchte den Drive des »American way of life«, um den Brunch in den 30er-Jahren des letzten Jahrhunderts endlich doch auf die Straße des Erfolgs zu bringen. Es waren die Stars der aufblühenden Filmindustrie, die diese Aufgabe übernahmen. Auf ihrem langen Weg von der Ost- zur Westküste machten die Züge damals noch in Chicago halt. Und zwar am Sonntagvormittag. Zu spät für ein Frühstück, zu früh für ein Mittagessen.

Da die meisten Restaurants sonntags ohnehin geschlossen waren, sprangen die Hotels ein. Froh, nach einem langen Samstagabend nicht noch ein frühes Frühstück servieren zu müssen, förderten sie mit entsprechenden Angeboten den späten Einstieg in den Tag und schufen mit Gästen wie John Barrymore, Carole Lombard oder Clark Gable Brunch-Role-Models und somit entsprechendes Identifikationsappeal. Zumal die Klatschpresse bald Fotos von diesen Essen »between the trains« brachte. Bald saßen nicht mehr nur die Hipster am Brunchtisch. Nach dem Zweiten Weltkrieg waren immer mehr Frauen berufstätig und wollten den Sonntag nicht in der Küche verbringen. Gleichzeitig verlor der Besuch der Kirche an Popularität. Man wollte lieber ausschlafen und schon am hellen Tage einen Cocktail schlürfen dürfen. Manche Stimmen behaupten gar, der Brunch sei nur deshalb erfunden worden, damit man schon morgens trinken konnte, ohne gleich sozial auffällig zu werden. Typische Brunchgetränke waren bald der Bellini, gemacht aus Sekt und einem halben pürierten Weinbergpfirsich, oder der Mimosa, ein Mix aus Champagner und Orangensaft. Und natürlich die Bloody Mary. Die Tomaten-Wodka-Zitronensaft-Tabasco-Brunch-Idealbesetzung besitzt sogenannten »Hair-of-the-Dog«-Status. Meint: Der Cocktail gilt als ideales Katerheilmittel. Ähnliche Aufgaben waren offenbar auch den Speisen zugedacht.

In den Anfängen zählte vor allem Katerfrühstücktaugliches zu den Brunchklassikern, etwa Sauerkrautsaft, Muschelcocktails und Waldschnepfen in Scotch. Zum Glück hat nicht alles überlebt, aber viele Speisen haben durchaus Brunchgeschichte geschrieben. Geblieben ist etwa der Lachsbagel. Aber auch alle Arten von Eierspeisen, darunter Pfannkuchen mit Ahornsirup und natürlich die Eggs Benedict. Die Geburt dieser hochkalorischen Köstlichkeit fällt noch in die Prä-Brunchära, und gleich zwei Männer beanspruchen dabei die Urheberschaft. Der eine ist Börsenmakler Lemuel Benedict. Er soll nach einer alkoholträchtigen Nacht im *Waldorf Astoria* nach pochierten Eiern, Speck, Toast mit Butter und einem Krug Sauce hollandaise verlangt haben. Die Kombination soll das Interesse des Maître d'hôtel geweckt haben, der sie – leicht verändert, mit einem englischen Muffin statt Toast – auf die Speisekarte setzte. So die eine Version. In einer anderen reklamiert Charles Ranhofer, Chefkoch von *Delmonico's Restaurant* in New York, die Erfindung für sich. Er will die Eggs Benedict für den Finanzier LeGrand Benedict erfunden haben. Dieser habe sich beklagt, dass es nie etwas Neues, Innovatives zum Frühstück gäbe – et voilà!: Ranhofer ließ sich etwas einfallen und präsentierte in seinem Kochbuch *The Epicurean* von 1894 erstmals die »Eggs à la Benedick«. Duplizität der Ereignisse? Ideenklau? Sicher ist, dass Eggs Benedict lange eine der drei in US-Todeszellen meistgeorderten Henkersmahlzeiten waren. Offenbar brachten sie die idealen Voraussetzungen für ein letztes Essen mit: Laut einer Studie wünschen sich die meisten Menschen, den Tod vor Augen, nämlich nicht etwa einen gesunden Selleriesalat oder einen veganen Gemüseauflauf, sondern Kalorienbomben. Letzte Speisen sind demnach durchschnittlich 2756 Kalorien schwer. Die Begründung für die bemerkenswerte Energiedichte lieferte der wegen Mordes verurteilte Bankräuber Gordon Fawcett Hamby 1920, nach Hummersalat, Rumpsteak und Erdbeeren, auf dem Weg zum elektrischen Stuhl: »Wenigstens muss ich mir keine Gedanken um das schwere Essen machen.«

Ein Leichtgewicht ist der Brunch bis heute nicht. Zumal seine kulinarischen Möglichkeiten ins Unendliche gewachsen sind und es praktisch nichts gibt, das nicht zu einem Brunch serviert oder am Büfett auf Teller getürmt wird. Nie werde ich den Brunch vergessen, zu dem meine Mutter, meine Schwester und ich uns im legendären New Yorker Hotel *The Plaza* eingebucht hatten. Weder vorher noch nachher und nicht mal auf einer späteren Kreuzfahrt habe ich ein solches Überangebot an Speisen gesehen, an Kaltem, Warmem, Süßem, Deftigem, Schlichtem und Luxuriösem. An allen nur denkbaren Variationen von Ei, Fleisch, Fisch, Gemüse, Backwaren, Desserts. Dekoriert mit beeindruckenden Eisskulpturen. Wir wollten gar nicht mehr weg aus diesem Paradies, selbst als wir längst satt waren und die Kellner ungeduldig wurden, weil wir keine weiteren Getränke bestellen mochten. Wir blieben dort nicht nur wegen all der himmlischen Köstlichkeiten, sondern vor allem wegen der Menschen, natürlich – wie wir – viele Touristen, aber eben auch halb Manhattan. Es gab so viel zu sehen. Das *Plaza* ist längst an einen Investor verkauft. Aber das hat dem Ruf New Yorks als einem der wichtigsten internationalen Brunch-Hotspots keinerlei Abbruch getan. In den vielen Brunchinstitutionen, etwa auf der Columbus Avenue, werden an einem Sonntag schon mal bis zu eintausend Brunches verkauft.

Überhaupt zeigt der Brunch keinerlei Ermüdungserscheinungen. Er ist noch immer hellwach und ziemlich ausgeschlafen. Er kann ja auch bis elf Uhr in den Federn liegen und sich Zeit lassen. Für all das, was bis heute nicht fehlen darf: Kaffee, Tee, Süß- und Eierspeisen, schon um die Verbindung zum Frühstück zu halten. Nicht zu vergessen Champagner oder Sekt, mit dem der Brunch dann seine Finger nach der blauen Stunde ausstreckt. Dazwischen ist Platz für Fisch und Fleisch, Salate, Sushi, Austern, Hummer, Gambas, Wurst, Suppen und Berge von Süßspeisen, gigantische Käseplatten und nur ein einziges Problem: Man darf nicht zu früh schlappmachen, um alles einmal zu probieren, weit genug in die unendlichen Weiten des kulinarischen Raums des Brunch vorzudringen und dazu ganz nebenbei Beziehungen zu pflegen. Dass die Mitesser nicht zwingend blutsverwandt sein müssen, sondern im Gegenteil durchaus frei gewählt sein dürfen, wissen wir nicht erst aus *Sex and the City*. Denn dass »die geistige Erholung« durch »nichts mehr gefördert wird als durch eine Unterhaltung im vertrauten Kreis« und beim Essen, dafür plädierte schon Cicero, »weil wir bei Banketten mehr als bei jeder anderen Gelegenheit zusammen leben«. Später beschrieb der Gastrosoph Jean Anthelme Brillat-Savarin das Essen mit Freunden als die Würze des Lebens, das »Höchstmaß der Tafelfreuden«. Manche müssen allerdings erst mit sanftem Druck zu dieser Erkenntnis gebracht werden, so wie die amerikanischen Astronauten der ISS. Kurz nach der Zusammenkoppelung der russischen und amerikanischen Module monierten die Kosmonauten die mangelhaften Tischsitten ihrer US-Kollegen. Die nahmen nämlich ihren Imbiss nach Bedarf und allein zu sich, immer dort, wo sie gerade arbeiteten. Angeblich waren die Russen so empört darüber, dass sie einen improvisierten Esstisch bauten, an dem alle Platz hatten, und mit einer Protestaktion forderten, dass alle Stationsbewohner wenigstens einmal am Tag gemeinsam essen sollten. Zwar ist nicht verbürgt, ob die Geschichte stimmt. Aber die vielen Fotos, auf denen die ISS-Bewohner auf der russischen Seite zusammen essen, sprechen doch für Entspannung in den internationalen Beziehungen.

Ein Sommersonntagstraum

Gut, man kann es auch samstags tun. Und ein freier Tag ist bei Weitem nicht die einzige Zutat, die man braucht. Es werden außerdem benötigt: mindestens ein geliebter Mensch und/oder Freunde oder Familie. Ganz so, wie es das *Chamber's Journal* 1857 empfahl: »Eine Picknick-gesellschaft sollte vornehmlich aus jungen Männern und Frauen bestehen; zwei oder drei alte Mannspersonen können jedoch zugelassen werden, wenn sie sehr gut gelaunt sind; ein paar angenehme Kinder; und eine – nur eine – liebe alte Dame, der die Gesellschaft zuvor tunlichst die Überwachung der Organisation anvertraut und ihr diesbezüglich diktatorische Vollmachten übertragen hat.« Außerdem zwingend zu empfehlen: eine Decke, eine Kühltasche, gefüllt mit ein paar Leckereien, eine schöne Wiese mit alten Bäumen für den Schatten und die malerische Kulisse – und natürlich Sonne. Bitte nicht zu stark. Den Soundtrack liefern ein murmelndes Bächlein, zwitschernde Vögel. Idealerweise haben sich Ameisen, Wespen und Stechmücken für diesen Tag auch freigenommen, um irgendwo anders andere Leute zu malträtieren. Kurz: Das Picknick verspricht uns die ideale Beziehung zwischen Naturgenuss und Gaumenfreude und ist einer der hinreißendsten Protagonisten der sonntäglichen Ausflugskultur.

Wie die im Einzelnen aussieht? Das kommt ganz auf den Geschmack und den jeweiligen Standort an. Jede Nation hat auf die Frage, was denn ein gelungenes Picknick sei, ihre eigenen Antworten. Und nicht wenige Eigenschaften des Freiluftmahls dienen auch als Wegzehrung für die Werktage. Das gilt vor allem für dieses Gefühl von Freiheit, von Gelöstheit, Unbeschwertheit, das das Picknick zu einem Seelenverwandten des Sonntags macht.

Wie so manche hat auch dieses großartige Phänomen ziemlich kleinlich angefangen, in einem französischen Lexikon Anfang des 18. Jahrhunderts. Dort wird ein pique-nique – zusammengesetzt aus »piquer« (für »stechen« oder »stehlen«) und »nique« (veraltet für Kleinigkeit) – als Mahlzeit beschrieben, bei der jeder Teilnehmer seinen Anteil selbst bezahlt. Allerdings machen die Briten Anspruch auf das Copyright geltend und behaupten, sie hätten als erste Nation überhaupt das Wort aus pick – für Greifen – mit nick – einem alten Begriff für den Augenblick verbandelt. Auch wenn vor allem die kulinarischen Open-Air-Events der Hautevolee künstlerisch dokumentiert wurden, so wie *Ein Fest im Park des Herzogs von Mantua* von Sebastian Vrancx Ende des 16. Jahrhunderts oder *Holyday* von Jacques Joseph Tissot 1876, gibt es mehr als genug Belege dafür, dass es auch das bürgerliche und nicht so bürgerliche Volk früh hinauszog, um im Freien zu speisen. Der berühmteste ist wohl *Le Déjeuner sur l'herbe – Das Frühstück im Grünen* von Manet aus dem Jahr 1863, mit einer gänzlich nackten Odaliske und zwei sehr angezogenen Dandys im Schatten hoher Bäume. Offenbar machte das Picknick nicht nur in Sachen Tischsitten locker. Und nicht umsonst mahnten Anstandsbücher des 19. Jahrhunderts, dass die Natur zu »leichtfertiger Ungezwungenheit« verführe. Mit Erfolg, wie man auch bei Maupassant nachlesen kann, der eine seiner Heldinnen seufzen lässt: »La campagne c'est comme le champagne quand on n'a pas l'habitude!« (»Das Land ist wie der Champagner, wenn man es nicht gewohnt ist.«) Eigentlich ein kleines Wunder, dass Eros überhaupt noch zum Zuge kam nach all der Völlerei. »Kaltezungekalterschinkenkaltesroastbeefgewürzgurkengrünersalatbrötchenkressestulleeingelegtesfleischingwerbierzitronensaftsodawasser« beschreibt etwa das britische Kinderbuch

Wind in den Weiden von 1908 die kulinarische Grundausstattung des englischen Standardpicknicks. Dass sich in einem Land mit so ergiebigen Niederschlägen während des ganzen Jahres überhaupt so eine starke Picknickkultur entwickeln konnte, mag dem Umstand geschuldet sein, dass man jeden Sonnenstrahl umso dankbarer nutzt und nicht gleich heult, wenn es auf die Picknickdecke regnet. Jedenfalls nicht sofort. So bei der weltweit einzigen Picknickoper im englischen Glyndebourne in Südengland auf dem Landsitz der Familie Christie. Seit Mitte der 1930er-Jahre kommen jedes Jahr im Mai Hunderte von Menschen hierher, um sich in Galaanzug und Abendkleid auf freiem Feld, beim Picknick zwischen Kühen und Schafen von den Operndarbietungen zu erholen. Und das natürlich auf höchstem Niveau. Immerhin verfügen die Herrschaften hier über die nötigen Mittel, um mit Weidenkörben aus dem Hause Asprey, bestückt mit Porzellan aus Limoges, Kristallgläsern und Silberschüsseln stilvoll zu picknicken. Oder die traditionellen Picknicks der Rugbyfans, die jeweils bei den großen Events wie dem Finale des Englandpokals im Stadion von Twickenham stattfinden. Man bedient sich dafür direkt aus dem Kofferraum, denn das Picknick findet auf dem Parkplatz statt. Die Pferderennen von Ascot, die Henley-Regatten, das Derby von Epsom – alles berühmte und beliebte Picknickanlässe. Immer mit dabei die Errungenschaften, die die Picknicker britischem Erfindergeist verdanken. Das Sandwich etwa, also die Stulle to go. Dann die Thermosflasche, eine deutsch-englische Koproduktion. Eine weitere Stütze des Draußenessens steuerte der amerikanische Erfinder Earl Tupper bei: die Tupperware.

Und während die Engländer sich um die Erfindung des Weidenpicknickkorbs, genannt »hamper«, verdient machten, war es natürlich ein Franzose, der die Luxusausführung des Picknickkorbs erfand – nämlich zuerst Louis und dann Georges Vuitton.

Auch das ist das sonntägliche Picknick: eine internationale Koproduktion, von der heute alle irgendwie zehren. In Spanien war es Geburtshelfer der Paella: Jeder brachte etwas mit. Olivenöl, ein Huhn, Tomaten, Safran, Fische, Langustinos, Miesmuscheln. Dann wurde das Ganze in der riesigen Paellapfanne geköchelt, derweil alle Beteiligten unter duftenden Orangenbäumen saßen und sich die Wartezeit bis zum fertigen Essen mit dem Genuss eines kräftigen Roten vertrieben. In Italien heißt das traditionsreichste Picknick »Pasquetta« und findet am Ostermontag statt. Man trifft sich entweder »in famiglia« oder aber in größerer Gesellschaft, im Garten, am Meer oder auf dem Land. Gereicht wird »Torta di Pasquetta«, ein salziger Kuchen mit gekochten Eiern und Spinat, oder »Paloma die Pasqua«, die Ostertaube, eine Art Gugelhupf. Dazu gibt es Pizza, Schinken aus der Toskana, kalte Nudelgerichte und vieles mehr. In Lappland frönt man den Picknickfreuden beim Rentierbarbecue mit »Moose-Burgern«, und in der Provence wäre ein Picknick ohne Aioli, die Knoblauchmayonnaise, wie für uns ein Schweinebraten ohne Knödel. Kurz: Der Genussspielraum ist enorm. Ebenso wie der geografische. Kaum ein Landstrich, der Sonntagsausflügler nicht mit ausgewiesenen Picknickplätzen in herrlichster Naturidylle lockt. Allerdings zeigt sich am kleinen Park bei mir um die Ecke, dass sich der moderne Picknicker aus Gründen der Arbeitsökonomie eher an die Devise hält: Warum in die Ferne schweifen, wenn man die Wege zwischen Auto und Grün in den städtischen Anlagen doch erfreulich kurz halten kann. Immerhin erfordert ein ordentliches Freundes- und/oder Familienpicknick offenbar fast so viel Equipment wie eine Polarexpedition. Darunter Campingstühle, Decken, Thermoskannen, Einweggrills, Schüsseln, Gebäck, Kühltaschen, Getränke, Spiele, ganze Musikanlagen, Kissen und Servietten, Shishas. Wochenende für Wochenende werden es mehr Menschen, die das alles hin- und herschleppen. Das Picknick ist nämlich so beliebt wie kaum je zuvor.

Das zeigt sich auch an der Erfolgsgeschichte der »Dîner en Blanc«. Diese Art des Massenpicknicks geht auf die Initiative des Franzosen François Pasquier zurück, der seine überfüllte Gartenparty 1988 spontan in den Pariser Bois de Boulogne verlegt haben soll. Der Gastgeber hatte darum gebeten, ganz in Weiß zu erscheinen und Stühle und Tische selbst mitzubringen. Ebenso wie die Gerichte und den Champagner. Das fand bei den Beteiligten so großen Gefallen, dass man das Event nun jährlich wiederholt. Unter subversiven Bedingungen: Um dabei sein zu dürfen, muss man nämlich eingeladen sein, von Freunden, die ihrerseits Freunde mitbringen dürfen. Erst kurz vor dem Ereignis bekommt man dann eine SMS mit den Ortsangaben. Es blieb ja nicht beim Bois de Boulogne. Man traf sich etwa auch schon auf der Place de la Concorde, der Terrasse des Palais de Chaillot, im Innenhof des Louvre und zum 20. Jahrestag des Events auf den Alleen der Avenue des Champs-Élysées. Tausende Menschen erscheinen dann wie aus dem Nichts, elegant in Weiß gekleidet, mit Klappstühlen und -tischen, mit Körben voller Essen und Wein, mehr als ausreichend für die drei Gänge, die vorgesehen sind. Die Behörden drücken ein Auge zu. Denn angemeldet sind die Veranstaltungen nicht. Aber die Teilnehmer entsorgen nach dem Essen fein säuberlich alle Hinterlassenschaften. Alkoholexzesse sind ebenfalls nicht erwünscht, deshalb sind Bier und harter Alkohol auch tabu. Ein jährlich wiederkehrender Beleg für die Überzeugung von Pasquier: »Mit dem Ethos des Savoir-vivre kann man fast alle Probleme lösen.« Selbstverständlich nimmt er auch kein Geld für seine Idee, die mittlerweile auch in Hamburg, in Berlin, in Montreal, in Amsterdam und selbst in New York aufgegriffen wurde. Er sagt, ein Picknick müsse umsonst sein, sonst verliere es seinen ungezwungenen Charakter.

Ein Picknick muss aber nicht immer selbst gemacht sein, sondern kann im Gegenteil auch dann große Freude bereiten, wenn die »Ungezwungenheit« schon damit beginnt, dass man nichts weiter dafür tun muss, als zu bezahlen. Schon 1979 schrieb Wolfram Siebeck im *Zeit-Magazin,* dass ein Picknick nur dann richtig Freude bereite, wenn man seine Vorbereitung den Profis überlässt. Zumal sonntags, wenn man ruhen soll. Viele Hotels bieten mittlerweile gut gefüllte Picknickkörbe an, ebenso wie Restaurants. Auf Johann Lafers *Stromburg* kann man nicht nur das Essen, sondern auch den Ausflug in professionelle Hände geben und dabei noch ein kleines Abenteuer erleben. Ein Helikopter fliegt bis zu vier Personen über das Mittelrheintal bis zu einem der schönsten Aussichtsplätze am Rhein, einer Anhöhe bei Bacharach. Mitten im Weinberg wird dann ein sechsgängiges Gourmetmenü aufgetischt. Ja, aufgetischt. Denn selbstverständlich lagert man nicht auf einer Decke, sondern diniert manierlich aufrecht sitzend. Am Ende, wenn wenigstens die Sonne gratis untergegangen ist, bringen einen die Limousinen des VIP-Shuttle wieder zurück zur Burg. Kosten für dieses Luxuspicknick: 2960 Euro für zwei Personen. Das ist tatsächlich, ganz wie angekündigt, »unvergesslich« und geschmacklich sowieso absolut göttlich. Wichtige Zutaten aber fehlen: die Planlosigkeit, das Provisorische, die Virtuosität des Zufall und der Improvisation, kurz: die »Wespen im Tee« und der »Sand in den Sandwiches«, wie der britische Dichter John Betjeman die Unwägbarkeiten des Draußenessens einmal beschrieb. Die erst machen aus dem Picknick eine Schule des Lebens. Dann ist es eine kleine Erinnerung daran, dass sowieso immer alles anders kommt, als man plant, und genau dies eigentlich das Beste daran ist.

10 Die Anrainer

»Aber so ist das Leben:
Das Schönste vom Sonntag
ist der Sonnabend Abend.«
Kurt Tucholsky

Sie sind wie erste Urlaubstage, wenn die Freiheit noch endlos vor einem liegt. Wenn man sich als Zeitmillionär fühlt. Ganz kurz. Die ersten fünf Minuten, nachdem man – selbstverständlich ein wenig später als sonst – die Augen aufgeschlagen hat. Und vielleicht noch, wenn man am Frühstückstisch sitzt. Bevor es einem einmal wieder schlagartig bewusst wird: wie viel gerade die Samstage auf dem Zettel haben. Eine ihrer traditionell größten Aufgaben ist es ja, nachzuholen, was unter der Woche liegen geblieben ist. Im Dänischen wird dem Aktivismus schon im Namen Rechnung getragen. Dort heißt der Samstag »lørdag«, was so viel heißt wie Waschtag. Das englische »saturday« dagegen erinnert an die römische Woche. Da war der »Dies Saturni« dem Saturn gewidmet. Die in Norddeutschland vielfach übliche Bezeichnung »Sonnabend« hingegen geht zurück auf die Antike, die den nachfolgenden Tag der Sonne weihte. Im Deutschen wie in den romanischen Sprachen nimmt der Samstag Bezug auf den »Sabbat-Tag«, den ersten total ruhiggestellten Tag überhaupt. Der Tag, an dem Gott sein Werk als vollendet ansah und ruhte.

Die vielleicht früheste Feiertagsregelung stammt deshalb aus dem Buch Mose: »Gedenke des Sabbats: Halte ihn heilig! Sechs Tage darfst du schaffen und jede Arbeit tun. Der siebte Tag ist ein Ruhetag, dem Herrn, deinem Gott geweiht. An ihm darfst du keine Arbeit tun.« Daran halten sich gläubige Juden nach wie vor. Manche begnügen sich eher mit innerer Ruhe, während andere tatsächlich am Sabbat keinerlei Tätigkeiten verrichten, die gemäß der Halacha, dem jüdischen Gesetz, als Arbeit definiert sind. Wie Gott am siebten Tag aufhörte, schöpferisch zu sein, so tun sie selbst auch vom Sonnenuntergang am Freitagabend bis Samstagnacht nichts. Außer die neununddreißig Melachot einzuhalten, also die Arbeiten zu unterlassen, die laut diesem Regelwerk am »Schabbat« verboten sind. In Israel steht der öffentliche Nahverkehr still, sind alle jüdischen Restaurants geschlossen, darf man kein Auto fahren. Samstag ist absoluter Ruhetag auch in den eigenen vier Wänden der orthodoxen Juden. Das Smartphone muss aus bleiben, genau wie die Mikrowelle, der Computer oder der Fernseher. Es ist nicht mal erlaubt, einen Lichtschalter zu betätigen. Wer auf einen Lichtschalter drückt, so erklärte es Steven Langnas, ehemaliger Gemeinderabbiner in München und Mitglied der Orthodoxen Rabbinerkonferenz in Deutschland einmal in der *Süddeutschen Zeitung,* »erlaubt dem Strom, durch das Kabel zu fließen, bis er die Glühbirne erreicht. Dort werden Wärme und Licht erzeugt, das vorher nicht existiert hat.« Auch etwas zu tragen geht nicht. Im Haus kann man zwar durchaus einen Topf von der Küche zum Esstisch bringen. Aber man dürfte ihn nicht mit aus dem Haus nehmen. Ebenso sind Kochen und Backen nicht erlaubt, genau wie Abwaschen oder Nägelschneiden oder sich die Schuhe vor dem Eintritt in eine Wohnung abstreifen. Immer wieder wird darüber debattiert, ob es etwa o. k. ist, Toilettenpapier abzureißen, und sollte diese Diskussion irgendwann beendet sein, wird es dank der neuen Technologien zuverlässig Nachschub geben. Wie ist es zum Beispiel, wenn die Heizung automatisch die Temperatur angleicht? Ist das schon »eingeschaltet« oder noch die Passivität, die der Glaube am Sabbat verlangt?

Zur Klärung trägt das Zomet Institute in der Nähe von Jerusalem einiges bei. Dort arbeiten Rabbiner, aber auch Ingenieure und Programmierer gemeinsam an Deutungssicherheit. Man kann dem Institut Fragen stellen, etwa ob es in Ordnung ist, bei einem bereits laufenden Radio die Lautstärke zu regulieren. Hier wird aber auch an Geräten getüftelt, die die aus den neununddreißig Melachot entstehenden Härten abmildern sollen. So entwickelte das Institut für eine Neunjährige, die in einem elektrischen Rollstuhl sitzt, ein Gefährt, mit dem sie am Sabbat nicht wie bislang zur Bewegungslosigkeit verdammt ist. Denn das Verbot des Feuermachens schließt streng genommen auch die Betätigung elektrischer Geräte ein. Bei Zomet entwickelt man nicht nur für Privatpersonen, sondern auch für Institutionen Notausgänge aus den jahrtausendealten Gesetzen des Sabbat. Man entwickelt koschere Gerätschaften für die israelische Armee ebenso wie für Krankenhäuser oder die Polizei. Darunter Metalldetektoren, die nicht erst eingeschaltet werden müssen, oder einen Aufzug, der so programmiert ist, dass er weiß, wo er zu halten hat. HotMat ist auch so eine Eigenproduktion, nicht die erste Sabbat-Kochplatte, aber die sicherste und die erste faltbare. Wie alle Geräte, die bei Zomat in enger Zusammenarbeit und Absprache mit Rabbinern entstehen, ist auch HotMat Sabbat-zertifiziert. Manche Erfindung ist sehr kompliziert, anderes ist erstaunlich einfach. Wie etwa die Sache mit dem Licht. Während Glühbirnen Hitze erzeugen und also dem biblischen Verständnis von Feuer entsprechen, das am Sabbat keinesfalls entzündet werden darf, sind LED-Lampen in Ordnung, weil sie auch in Betrieb kalt bleiben. Man könnte das alles als Versuch missverstehen, Gott auszutricksen. Doch darum geht es nicht, so der Zomet-Geschäftsführer Rabbi Daniel Marans gegenüber der *Times of Israel.* »Manche Leute denken, wir suchen nach Schlupflöchern oder Auswegen«, sagt er. »Aber wir sehen Gott als ein allwissendes Wesen, das wusste, dass wir irgendwann Mobiltelefone und Digitalkameras haben würden. Wir glauben, dass Gott im Rahmen des jüdischen Gesetzes wusste, dass wir diese Probleme lösen können.«

Nicht alles braucht einen Umweg. Es gibt auch Ausnahmen. Wenn zum Beispiel ein Menschenleben gefährdet ist. Eine rabbinische Tradition besagt: »Der Sabbat ist euch gegeben und nicht ihr dem Sabbat.« Bleibt die Frage: Was tut man eigentlich am Sabbat, wenn man gar nichts tun darf? Man besucht die Synagoge. Man isst gemeinsam mit der Familie und mit Freunden. In Sabbatkleidung, dem Äquivalent zum Sonntagsstaat. Der jüdische Religionsphilosoph Abraham Joshua Heschel bezeichnete den Sabbat einmal als eine »Kathedrale aus

Zeit«. Das gefällt mir, und ich finde, die Beschreibung passt ebenso auf den christlichen Sonntag, diese Idee von einem Tag, an dem jedwede Geschäftigkeit ruht und man nichts tut, als nichts zu tun. Auch weil man bestens vorbereitet ist. Für die Juden ist es der Freitag, der dem Sabbat die Steine aus dem Weg räumt. An dem alle notwendigen Vorbereitungen getroffen werden. An dem eingekauft, gekocht, geputzt, die Wäsche gemacht und all das erledigt wird, was Christen am Samstag erledigen.

Beim Fußball würde man sagen: Der Samstag hält dem Sonntag den Kasten sauber. Er ist der Hyperaktive der beiden Wochenendtage. Am ersten freien Tag der Woche wird eingekauft, der Rasen gemäht, das Auto gewaschen. Früher shampoonierten Deutschlands Männer ihren Liebling auf der Straße oder vor der Garage und kippten das Seifenwasser einfach in den Rinnstein. Wir Kinder freuten uns über die Ölschlieren, die so hübsch regenbogenfarbenbunt darüber schwammen. Heute ist das öffentliche Autowaschen aus Grundwasserschutzgründen verboten. Also fährt alle Kfz-Welt am Samstag in eine der 17 000 bundesdeutschen Waschanlagen oder zu ausgewiesenen Waschplätzen. Durchschnittlich acht Mal im Jahr pro Auto. Dann aber gründlich und gern mit Felgen- und Unterbodenwäsche. Auch bei der Reinigung der Kinder hat die Zeit einige Fortschritte gebracht. Nicht alle freuen sich darüber: Mein Nachbarsjunge, zwölf Jahre alt, beneidet mich glühend darum, dass ich in meiner Kindheit nicht täglich duschen »musste«. Wir wurden vielmehr einmal die Woche, immer samstags, gebadet. Unter den Sicherheitsvorkehrungen, die Wilhelm Busch in seinem *Bad am Samstagabend* empfahl: »Bad zwei in einer Wanne nicht!« Einer nach dem anderen, in der Reihenfolge unseres Auftritts, wurden wir zu Wasser gelassen: ich, die Älteste, zuerst und dann die anderen beiden. In demselben Badewasser, im Badezimmer über dem Hof. Nicht nur wir Kinder wurden für den Sonntag hübsch gemacht, sondern auch die Wohnung. Von den Frauen, versteht sich. Die Männer hatten ja schon den Rasen gemäht und das Auto geputzt. Außerdem ist Moses bekanntlich noch mit einem elften Gebot vom Berg Sinai gekommen. Es lautet: Hausarbeit ist Frauensache. Daran hat sich entgegen anderslautender Gerüchte nichts geändert. Unerheblich, dass der Mann – wie alle im Haushalt lebenden Personen – im Schnitt zwei Stunden Arbeit pro Tag verursacht oder dass wir schon mal so etwas wie eine Frauenbewegung hatten. Am Samstag wird die natürliche Weltordnung wiederhergestellt. Laut einer Studie des Deutschen Instituts für Wirtschaftsforschung umso engagierter, je erfolgreicher eine Frau in ihrem Job ist. Dann tut der Mann noch weniger, die Frau noch mehr. Vermutlich, um beim Bügeln der Bettwäsche für alle Welt klarzustellen, dass sie eine »richtige« Frau ist und er weiter ein »richtiger« Mann sein darf. Kein Zufall, dass der britische Expremier Tony Blair seiner Frau Cherie, einer brillanten Rechtsanwältin, den Heiratsantrag ausgerechnet dann machte, als sie gerade auf den Knien die Toilette der toskanischen Urlaubsvilla der beiden putzte. Vermutlich an einem Samstag. Ja, die US-amerikanische Autorin Anne Lamott hatte wohl recht, als sie sagte: »You can get the monkey off your back, but the circus never leaves town!« Dem Zirkus verdanken wir allerdings auch, dass der Samstag dem Wochenende einverleibt wurde.

Männer sollten und wollten nämlich nicht länger dabei zuschauen, wie ihre Frauen sich am einzigen freien Tag der Woche im Haushalt verausgabten, wie sie noch am Sonntag schufteten, aufräumten, putzten, wuschen, bügelten, kehrten, kochten und spülten. Vermutlich, weil sich dabei offenbart, wie viel Arbeit »das bisschen Haushalt« wirklich macht, und man dafür entweder sehr dankbar sein müsste oder über eine Beteiligung nachdenken sollte. Aber es ging ja nicht anders, als noch sechs Tage die Woche bis zu zwölf Stunden gearbeitet wurde, als immer mehr Frauen erwerbstätig waren und also die gesamte Hausarbeit am Sonntag gestemmt werden musste. Zuerst störte man sich im England des 19. Jahrhunderts daran. Dort galten damals äußerst harsche Vorstellungen von Sonntagsruhe, beging man doch den »traurigsten, farblosesten, polizeibeschränktesten« Sonntag der ganzen Christenheit, wie es *Die Gartenlaube* 1855 formulierte. Jegliche arbeitsähnliche Beschäftigung war verboten. Ebenso wie praktisch jeder Spaß: Bootsfahrten, Musik, Tanz, Spaziergänge. Es fuhren keine Bahnen, keine Pferdekutschen. So ziemlich alle Notausgänge aus dem eigenen Heim waren den Männern versperrt von der puritanischen Lehre um den englischen Sonntag. Nur ein einziger blieb noch offen: der Alkohol. Statt sich »familiär zu erbauen«, mussten Männer also zwangsläufig im Wirtshaus Ablenkung und Trost suchen, um dem Elend daheim zu entgehen, so ein zeitgenössischer Beobachter. Die einzige Lösung, die man damals sah: die Arbeiterinnen am Samstag früher nach Hause zu schicken von der Arbeit, für die sie bezahlt wurden, um sich den unbezahlten Tätigkeiten daheim widmen zu können. Dafür wurde ihnen die Mittagspause gestrichen, um die Freistunden einzusparen. Bald wurde auch den deutschen Frauen großmütig mehr Zeit für das »ungestörte Wirtschaften« gewährt. Hier verankerte der Gesetzgeber 1891 das frühere Arbeitsende um 17:30 Uhr an Samstagen. Frauen waren damit an diesem Tag »nur noch« zehn Stunden statt elf erwerbstätig. Mit Mittagspause. Die wurde zugunsten eines Achtstundentags erst 1908 für Männer wie Frauen stark verkürzt oder ganz wegrationalisiert und damit den sogenannten englischen Arbeitszeiten angepasst. Ein achtstündiger Arbeitstag war ohne Pausen durchaus zumutbar, befand man, zumal die Aussicht auf einen früheren Feierabend ausreichend beflügelte. Wie in England sah man in Deutschland in einem freieren Samstag eine willkommene Gelegenheit, nicht nur den Haushalt, sondern auch den Sonntag zu bereinigen. Von all den Tätigkeiten, die ihn auch nach Ansicht der Kirchen entweihten. Der Samstag verlängerte nun den Sonntag und damit auch die Freiheit. Der gefühlte Gewinn war deutlich größer, als die realen paar freien Stunden es hätten erwarten lassen. Vielleicht dauerte es deshalb fast ein halbes Jahrhundert, bis die Fünftagewoche endlich durch war und es hieß »Samstags gehört Vati mir« – so der Slogan, mit denen die Gewerkschaften 1956 in den Kampf um die Arbeitszeitverkürzung von achtundvierzig auf vierzig Stunden gezogen waren.

In Zeiten, in denen sich die Arbeitgeber immer auch ein wenig wie der Vormund ihrer Belegschaft fühlten, hatte man sich nicht nur um schwindende Produktivität, sondern auch um die Moral gesorgt. Man fürchtete, die Arbeitnehmer könnten der vielen Freizeit nicht gewachsen sein. Dass vor allem Männer auf dumme Gedanken kämen. Anders als die Frauen, die ja – siehe oben – »sinnvoll« beschäftigt waren. Dann schaute man in Richtung USA, wo die Fünftagewoche bereits vor dem Zweiten Weltkrieg eingeführt worden war, und stellte fest: Der freie Samstag hatte das Land mitnichten ins Chaos gestürzt. Er erwies sich im Gegenteil in jeder Hinsicht als ein Gewinn. Im freien Samstag realisierte sich ja nicht nur die Parole *Wohlstand für alle,* so der Titel eines Buchs von Bundeswirtschaftsminister Ludwig Erhard, weil es Zeitwohlstand für alle gab. Der freie Samstag machte aus der Freizeit auch noch einen weiteren Absatzmarkt und spielte das Geld locker wieder ein, das er vermeintlich kostete. Anders als der Sonntag mit seiner über Jahrhunderte tradierten Choreografie aus Kirchenbesuchen, Familienessen und Spaziergängen war der Samstag ja eine Carte blanche. Es gab keinerlei »Voreinstellungen«, weder kirchliche, kulturelle noch soziale Spurrinnen, in denen man zu bleiben hatte. Der Samstag war so von Anfang an der wirkliche »Frei-Tag«. Und was taten die Deutschen damit? Sie konsumierten brav. Aber sie arbeiteten auch weiterhin! Und zwar tiefschwarz.

Zum Machen in den Keller

Das kleine Dorf im Westerwald, aus dem mein Mann stammt, wurde praktisch an Samstagen erbaut. Von Männern, die unter der Woche auf Montage waren und am Wochenende zu Schaufel und Kelle griffen, Keller aushoben, Mauern hochzogen, Speis anrührten, Dächer deckten, Kabel legten, Öfen setzen und Wände verputzten. Nachbarn halfen Nachbarn beim Bau von Eigenheimen, die sie sich nie hätten leisten können, hätten sie auf Handwerksbetriebe zurückgreifen müssen. Aber es musste nicht gleich ein ganz neues Haus sein. Auch die Renovierung oder der Ausbau wurde beliebte Samstagbeschäftigung. »Jeder zweite Haushalt hat einen eigenen Handwerker – Für Do-it-yourself wurden 1962 bereits 2,5 bis 3 Mrd. DM an Material verbraucht«, schrieb der *Kölner Stadtanzeiger* am 30. August 1962. Und *Der Spiegel* zog am 21. April 1965 folgende Bilanz: »Über die Pinselborsten und durch die Spritzpistolen der Laien floss im vergangenen Jahr so viel Farbe, dass man damit eine Kesselwagen-Schlange füllen könnte, die von Hamburg bis Bremen reicht. Laien-Tapezierer klebten 40 Millionen Rollen Tapeten an die Wände – aneinandergelegt 224 Quadratkilometer, fast so groß wie die Stadtfläche von Köln. Die westdeutschen Amateurschreiner und Wochenend-Zimmerleute zersägten 140 000 Kubikmeter Spanplatten; daraus ließe sich eine Pyramide in Montblanc-Höhe mit 87,3 Quadratmeter Grundfläche errichten.« Zu den prominentesten »Do-it-yourselfern« gehörte damals der Staatssekretär im Bundeswirtschaftsministerium, Dr. Fritz Neef, der mit seinen Söhnen während des Urlaubs und »in dienstfreien Stunden« im Bergischen Land ein Wochenendhaus mit immerhin 115 Quadratmetern Wohnfläche errichtete. Nach Lektüre von *Fachkunde für Maurer* übrigens. Damals bestimmt ein Bestseller. Ebenso wie *Die Axt im Haus. Das bewährte Buch für die handwerkliche Selbsthilfe in allen Lebenslagen* von Otto Werkmeister (!), das sich hunderttausendfach verkaufte.

Natürlich war der Bausektor nicht der einzige, in dem am freien Samstag ordentlich malocht wurde. Es wurden außerdem Autos, Waschmaschinen, Fernseher und sonstige Elektrogeräte aller Art repariert. Nicht nur im Westerwald kam die Friseurin, die damals noch Friseuse hieß, samstagsnachmittags ins Haus, um für fünf Mark pro Kopf Haare zu schneiden, zu toupieren, Lockenwickler ein- und auszudrehen. Wobei der Übergang von der Schwarzarbeit zum Hobby durchaus fließend war. Meine Mutter schaffte sich damals einen Webstuhl an, um kleine Teppiche zu weben, die man, ehrlich gesagt, eigentlich nicht gebraucht hätte, außer als Anschauungsmaterial dafür, wie wir Kinder – sollten wir endlich erwachsen sein – unsere Zeit ganz sicher nicht verbringen würden. Sie polsterte aber auch die Möbelgarnitur neu auf, die es dringend nötig hatte. Ziemlich fachgerecht und zur großen Entlastung des Haushaltbudgets. Manches an Fertigkeiten und Produkten war ja wirklich nützlich. Mit anderem dokumentierte man aber auch einfach den Luxus von »Zeitvertreib«. So wie Peter Frankenfeld, der in seiner Freizeit leer getrunkene Steinhägerflaschen mit bunten Glassplittern zu Blumenvasen aufhübschte. Oder meine Lateinlehrerin, die aus verbrauchten Blitzlichtwürfeln Skulpturen zusammenleimte, was mir damals schon, neben Latein, als der Gipfel der Sinnlosigkeit erschien.

Bastlerspitzenkräfte waren natürlich die Männer. Ihr Reich: der Hobbykeller. Dessen größte Attraktivität bestand darin, wegen lebenswichtiger Reparatur- und Bastelarbeiten stets unabkömmlich sein zu können, sobald Tante Hedwig sich zum Kaffee ankündigte oder der Abwasch gemacht werden musste. Nicht selten waren diese Räume mit einem Equipment ausgestattet, mit dem man die Welt noch einmal hätte neu erschaffen können. Mancher Mann aber grübelte bloß jahrelang hinter verschlossenen Türen über einem defekten Staubsauger oder reorganisierte die Pornosammlung. Aber es entstanden natürlich auch wichtige Beiträge für Weihnachtsfeste und Geburtstage. Diesen Eindruck vermittelte jedenfalls die ZDF-Serie *Im Hobbykeller*. Dort saß Helmut Scheuer von 1970 bis 1974 und fabrizierte – natürlich immer wieder samstags – in Handarbeit Spielsachen. Ein anderer Nutzungsklassiker des Hobbykellers: die Modelleisenbahn. Horst Seehofer etwa hat nach Selbstauskunft im Hobbykeller seines Feriendomizils im Altmühltal über zwanzig Jahre lang an einer Eisenbahnlandschaft im Maßstab 1:87 gebaut. Das Ergebnis, das er vor einigen Jahren erstmals der Presse vorführte, ist so trostlos wie seine Politik: kaum Bäume, Gebäude oder Landschaften. Interessant ist es trotzdem, schließlich hat der Mann nicht nur einen äußerst zeitraubenden Beruf. Er ist außerdem verheiratet und hat Kinder, die auch mal klein waren. Trotzdem fand er wohl Gelegenheit genug, seinen Hobbykeller ausgiebigst zu bespielen. Der Hobbykeller als Metapher dafür, dass ein Mann tun, was ein Mann tun und eine Frau akzeptieren muss. Dafür, dass es in einem Männerleben meist höhere Ziele gibt, als sich um die Familie zu kümmern. Zum Beispiel, an Märklin Dreileitergleisen zu tüfteln. *Ein Zimmer für sich allein,* das Virginia Woolf 1929 in ihrem gleichnamigen Essay als Symbol für weibliche Unabhängigkeit und Autonomie beschrieb, wurde mit dem freien Samstag nun für Männer Möglich- und Wirklichkeit, während Frauen weiterhin nur davon träumen konnten. Gelegentlich in einem Bügelzimmer, wie es eine meiner Tanten hatte. Vermutlich, damit meinen Onkel der Anblick seiner bügelnden Frau nicht beim Fernsehen störte. Es gab in diesem Haushalt außerdem eine zweite Küche im Souterrain, die sich von der ersten dadurch unterschied, dass dort wirklich gekocht wurde, um die erste, deutlich teurere zu schonen. Doch das war eine Ausnahme. Es blieben vor allem die Männer, die samstags zum Machen in den Keller gingen. Aber dann kam bald noch eine weitere Samstagabendkellerbeschäftigung hinzu: die Party.

Mettiquette

Ein großes hölzernes Wagenrad gehörte dazu, gern auch Bierfässer, die den Hocker ersetzten. Unverzichtbar: ein im Hobbykeller selbst zusammengedrechselter Tresen und die Holzvertäfelung. Es gab Gläsersets und Flaschenhalter für jede nur denkbare Alkoholvariante. Als Dekoration taugten Scheußlichkeiten aus der Partyzubehörhölle wie der Underberg-Patronengürtel, Plastikrebenranken oder Fischernetze wie in der *Haifischbar,* einer Unterhaltungsshow, die zwischen 1962 und 1979 in der ARD lief und in der Stars und Schauspieler wie Lale Andersen, Carl Bay, Heidi Kabel, Henry Vahl, Otto Lüthje, Edgar Bessen und Freddy Quinn auftraten. Zigaretten wurden nicht einfach aus einer Schachtel geklopft, sondern in neckischen Gerätschaften dargereicht. Etwa in einem Holzesel, den man vorn an den Ohren ziehen musste, damit hinten eine Kippe rauskam. Es gab »Partypilze« und

Cocktailzubehörsets mit diversen Werkzeugen, die offenbar alle nur denkbaren Eventualitäten des Flaschenöffnens berücksichtigten: Korken verschwindet in der Flasche, Korken bricht ab, Korken kann nur noch mit einer Stange Dynamit oder mit einem Schwert entfernt werden. Trotz des aus heutiger Sicht piefigen Equipments darf man nicht vergessen, dass Besitzer all dieser Geschmacksverirrungen zu den Partypionieren zählen. Damals, als mit der Verbreitung des Kofferradios und des Plattenspielers plötzlich erstmals mobile Musik zur Verfügung stand. Als das coole Wort »Party« überhaupt erst das prätentiöse »Fest« abgelöst hatte. Und sich zu Frühstück, Mittagessen, Kaffeetrinken, Abendbrot nun eine vierte Mahlzeit gesellte: das Partybüfett.

Man wusste ja noch nichts von den schrecklichen Verheerungen, die gesättigte Fettsäuren in menschlichen Arterien anrichten, und vom Elend der Massentierhaltung. Entsprechend war Hochkalorisches der Renner: Auf einem Salatbett ruhte ein anständiger Batzen Fleisch- oder Waldorfsalat, gekrönt von drei oder vier mit Mayonnaise garnierten Eierhälften. Der Mettigel – heute auf der Liste der bedrohten Arten – fand damals seinen natürlichen Lebensraum. Für »russische Eier« gab es eigens angefertigte Teller mit entsprechenden Einlassungen. Das amerikanische Toastbrot kam groß raus ebenso wie das Konservenobst und ihre ideale Beziehung: Toast Hawaii. Es gab Käseigel und Schinkenröllchen mit Spargel aus der Dose. Unabdingbar waren auch die Götterspeise und der Kullerpfirsich. Zum Knabbern wurden Salzstangen und Kartoffelchips offeriert, die die Amerikaner nach dem Zweiten Weltkrieg nach Deutschland gebracht hatten.

140 Gramm Reinfett konsumierte der Deutsche damals im Durchschnitt jeden Tag. Nicht umsonst lautete ein Werbeslogan von 1962 »Mein Hüfthalter bringt mich um!« und nicht »Transfette werden dich eines Tages killen!«. Auch zum Nikotin hatte man noch eine beneidenswert entspannte Haltung. Nicht wer rauchen wollte, sondern wer Sauerstoff brauchte, verließ mal kurz den Raum. Ähnlich sorglos war der Umgang mit Alkohol. Es gab Erdbeerbowlenrezepte, für die ganze Likör- oder Schnapsflaschen erforderlich waren. Ohne Angst, dass einen das den Führerschein kosten könnte. In Deutschland war erst 1953 überhaupt eine Promillegrenze festgelegt worden. Sie lag bei heute unfassbaren 1,5 und wurde erst 1966 gesenkt, zunächst auf 1,3.

Bei den Geburtstagspartys meiner Mitschüler, die dafür die Partykeller ihrer Eltern nutzen durften, gab es ohnehin keinen Alkohol. Also höchstens den, den man unter den prüfenden Blicken der Erziehungsberechtigten reinschmuggeln konnte. Aber eher hätte man damals einen Elefanten unbemerkt über die deutsch-deutsche Grenze gebracht. Eltern gingen nämlich damals nicht einfach aus dem Haus – idealerweise für eine mehrstündige Fellini-Retrospektive –, sondern kamen alle fünf Minuten rein, um zu schauen, ob schon Enkel gemacht oder Joints gebaut wurden. Zur Verbesserung der Sicht machte der ein oder andere Erwachsene dafür das Licht an, nur um auch im letzten Winkel noch deutlich den Unterschied zwischen Händchenhalten und Knutschen ausmachen zu können. Ich staunte immer, wie stark manche Leute ihre Keller ausleuchteten. Andererseits war einigen Eltern durchaus zuzutrauen, dass sie kurz vor der Party ihres Sprösslings die Dreißigwattfunzel gegen Fluchtlicht ausgetauscht hatten. Wenigstens konnte keiner gleich nach dem *Sandmännchen* sagen: »Ab ins Bett, ihr habt ja morgen Schule!« Die Partys fanden ja deshalb am Samstag statt, weil man am Sonntag ausschlafen konnte. Oder das, was Eltern für Ausschlafen hielten.

Ja, wir hatten noch am Samstag Unterricht. Obwohl seit 1965 die rechtlichen Voraussetzungen dafür geschaffen worden waren, dass auch Schüler am Samstag ruhen können. Es hatte sogar bereits 1957 über ein ganzes Jahr lang ein Fünf-Schultage-Experiment mit einigen Tausend bayerischen Schülern gegeben, das von den Schülern – natürlich – mit großer Begeisterung aufgenommen wurde. Nur die Eltern reagierten verhalten. Auch in Umfragen waren damals bis zu fünfzig Prozent der Erziehungsberechtigten dagegen und nur ein Drittel dafür. Der Rest gab sich unentschieden. Welche Befürchtungen man hegte, zeigt ein Einwand der Elternvereinigung der höheren Schulen in Bayern in der *Deutschen Zeitung* im Januar 1964: »Wenn man die Jugend schon in der Schule an ein nur fünftägiges Arbeitsleben gewöhne, bestehe die Gefahr, dass sie später Berufe meide, deren Arbeitsleistung sich nicht schematisch auf fünf Tage beschränken lasse.« Vielleicht genossen die Eltern aber auch einfach die Gelegenheit eines halben kinderfreien Tags. Was immer die Entscheider davon abhielt, uns auch eine Fünftagewoche zu gönnen, es funktionierte. 1967 schrieb *Der Spiegel:* »Nur 54 der 35 000 Schulen in der Bundesrepublik geben samstags frei.« Bis 1975 waren es dann immerhin vierzig Prozent aller Schulen. Aber es dauerte noch einmal bis 1978, bis neunzig Prozent der Schulen so weit waren und man also auch mal freitags Party machen konnte. Sofern man noch nicht volljährig war und die Entscheidung über die Schlafenszeiten anderen überlassen musste.

Saturday Night Fever

Ich hatte zum Glück bald Abitur, zog in eine Wohngemeinschaft und konnte endlich so viel feiern, wie ich wollte. Theoretisch. Praktisch hatte ich dauernd anstrengende Jobs. Ich stand wochenlang in einer Fabrik für Beautyprodukte am Fließband und klopfte mit einem Hammer die Kugeln in Deoroller oder arbeitete an riesigen Bottichen mit Haarfärbemitteln (einmal die Woche gab es deshalb einen Liter Milch zum »Entgiften« von der Firmenleitung). Ich jobbte in einer Imbissbude und stellte fest, dass sich der Geruch von altem Pommesfett nicht mal mit Apfelshampoo bekämpfen lässt. Ich arbeitete als Sekretärin in der Küche eines Notars, der sein Geld hauptsächlich damit verdiente, das Vermögen reicher Männer auf deren Geliebte zu übertragen, damit für die Ehefrau nichts übrig blieb. Ich war also freitags meist sehr, sehr müde – und es blieb wieder nur der Samstag zum Partymachen. Trotzdem war es toll, endlich mit dem weiterzumachen, mit dem man in den elterlichen Partykellern nicht mal anfangen durfte: feiern bis in die Puppen! Jetzt kamen höchstens empörte Nachbarn, die Zimmerlautstärke einforderten, und später die Polizei, die wegen Unbelehrbarkeit auch schon mal eine Stereoanlage konfiszierte.

Wenn wir nicht daheim die Nachbarn terrorisierten, gingen wir aus. Jahrelang eigentlich fast jeden Samstag. Die meisten von uns selbst an Weihnachten. Klar gab auch der Freitag einen manierlichen Ausgehtag ab. Samstag aber war der Wochenhöhepunkt. Alles, was in einem jugendlichen Leben zählt, fand auf diesem anderen Stern weit jenseits der Erwachsenenwelt statt: Musik, Liebe, Clique. Der Stern hatte einen Namen: *Saturday Night Fever.* Der Film von Regisseur John Badham aus dem Jahr 1977 brachte für alle Zeiten auf den Punkt, was der Samstag für alle unter dreißig ist: eine große Umkleidekabine mit verdammt schmeichelhaftem Licht, in der man sein Alltagsdasein abstreift und in sein Prinzessinnenkostüm schlüpft. Oder in ein Superheldenoutfit. Oder in was auch immer man sich verwandeln will. So wie Tony Manero, ein Italoamerikaner aus bescheidenen Verhältnissen. Die streng katholischen Eltern sind arbeitslos. Er jobbt als Ladengehilfe in einem Farbengeschäft. Ein Niemand. Nur am Samstag bringt Tony sein Ich-Ideal mit dem Sein in Einklang. Es ist sein Cinderellamoment, nur dass sein Polyesterballkleid aus einem billigen Männerladen in Brooklyn stammt. Mit ihm verwandelt er sich in den »King«, wie ihn seine Freunde nennen. Sein Ballsaal ist der *Odysse 2001 Club*, und wie im Märchen funktioniert der Zauber nur eine eng begrenzte Zeit: Samstagnacht. Der Sonntagmorgen wirft ihn wieder zurück in seine belanglose Existenz, wie einen Fisch, der zu klein ist, um ernsthaft als Fang in Erwägung gezogen zu werden. Die Vorlage für *Saturday Night Fever* war eine Reportage des Journalisten Nik Cohn, die 1976 unter dem Titel *Tribal Rites of the New Saturday Night* erschienen war und von einem Tanzlokal in Bay Ridge im New Yorker Stadtteil Brooklyn handelte. Später gestand Cohn, er habe sich die Geschichte komplett ausgedacht. Als er sie schrieb, war er gerade erst in Brooklyn angekommen, kannte sich also überhaupt nicht aus und war weit davon entfernt, in irgendwelche örtliche Subkulturen eintauchen zu können. Seine Hauptfigur, die bei ihm noch Vincent hieß, habe er deshalb an ein Mitglied der Mods angelehnt, das er im London der 1960er-Jahre kennengelernt hatte. Offenbar hatte er damit einen genreübergreifenden Prototyp geschaffen.

Man muss kein Fan der Discomusik sein, um wie die Zuschauer den Identifikationsappeal des Films anzuerkennen. Es wurde mit einem unvergleichlichen Erfolg honoriert: drei Millionen Dollar hatte der Film gekostet, und er spielte rund 238 Millionen Dollar ein. Sein Erfolg lässt sich auch an dem Anzug ablesen, den Travolta für die Tanzszenen trug. Drei Exemplare hatte man in einem billigen Männerladen von der Stange gekauft. Zwei davon verschwanden nach den Dreharbeiten. Den Verbliebenen spendete Travolta 1979 für eine Charitygala, bei der er für 2000 Dollar verkauft wurde. Sechzehn Jahre später brachte der Anzug seinem Besitzer 145 000 Dollar. Der damals dreiundzwanzigjährige John Travolta, der, als Vorbereitung auf die Rolle, insgesamt neun Monate lang ein beinhartes Tanztraining absolviert hatte, wurde für *Saturday Night Fever* mit einem Oscar nominiert. Und auch für die Bee Gees entpuppt sich der Film als Karrierekatapult. Ohne zu wissen, worum es eigentlich gehen sollte, schrieben sie einige Songs und brachen dabei mit einer Hollywoodtradition: Der Titelsong hatte einen anderen

Namen als der Film. *Stayin' Alive* wurde trotzdem zur Fanfare der Discoära und der Soundtrack mit 15 Millionen verkauften Exemplaren allein in den USA zum erfolgreichsten aller Zeiten. Jedenfalls bis fünfzehn Jahre später *Bodyguard* mit dem Soundtrack von Whitney Houston herauskam.

Sag mir, wo die Blumen sind …

Manche Dinge ändern sich nie. Gerade auch für die, die immer wieder antreten, alles anders machen zu wollen als die Erwachsenen. Zu anderer Musik, in anderen Clubs. Am Ende ist es stets dasselbe: Das Wochenende bleibt die Hauptbühne des Andersseins. Und einer der »Main Acts« dieses »Second Life« waren und sind traditionell die Rock-Folk-Open-Air-Festivals. Ihre Wiege stand in Newport im US-Bundesstaat Rhode Island, wo 1959 das erste seiner Art stattfand. Einige der später wichtigsten Blues- und Folkmusiker gaben dort ihr Debüt, solche wie Donovan, Arlo Guthrie und Joan Baez. 1965 wurde Bob Dylan hier ausgebuht und als Verräter beschimpft, weil er – größtmögliche Folksünde – zur Stratocaster, einer E-Gitarre, griff, um den Song *Maggie's Farm* zu spielen. Natürlich fanden Festivals fortan immer am Wochenende statt. Aus Rücksicht auf die bürgerliche Alltagsexistenz ihrer Besucher und auch auf die der Anwohner und Nachbarn dieser Massenveranstaltungen. Denn bald nahm die Festivalkultur mit dem endlosen Summer of Love richtig Fahrt auf: 1967 mit dem Fantasy Fair and Magic Mountain Music Festival im Cushing Memorial

Amphitheatre auf dem Mount Tamalpais nördlich von San Francisco, wo man für bloß zwei Dollar Eintritt unter anderem The Doors, Dionne Warwick, Canned Heat, Jefferson Airplane, Captain Beefheart & the Magic Band live bekam. Und schon eine Woche später ging es mit dem Monterey International Pop Festival weiter. Auch wenn manche Stars absagen mussten – Donovan etwa, der wegen Verstoßes gegen das Betäubungsmittelgesetz kein Visum für die USA bekam –, gilt es als Urknall des Open-Air-Kults und der Hippiekultur. Nicht nur wegen des Who's who der besten und bekanntesten Künstler aller Zeiten, wie The Byrds, Otis Redding, The Who, The Greatful Dead, Janis Joplin und The Mamas and the Papas. Das Monterey Pop Festival war auch praktizierte »love, peace and harmony«. Manche Darbietungen verlangten einem tatsächlich einiges an Friedfertigkeit ab. So etwa die indischen Musiker, die drei Stunden lang Ragas spielten, Elemente aus der klassischen indischen Musik. 1968 startete in Deutschland das älteste seiner Art: Das Pop-Rock-Festival »Burg Herzberg Festival, Bad Herzberg«. Gegründet wurde es von The Petards, einer damals erfolgreichen Beatband aus dem kleinen Örtchen Schrecksbach. Damals gab es statt Energiebällchen noch Schmalzbrote für die circa 1000 Zuschauer.

1969 folgte schließlich das legendäre Woodstock, auf einer Farm in Bethel im US-Bundesstaat New York. Eigentlich rechneten die Veranstalter mit 60 000 Besuchern und stellen 600 Toiletten auf. Tatsächlich machten sich rund eine Million Menschen auf den Weg zu »3 Days of Peace & Music«. Selbstverständlich an den friedlichsten Tagen der Woche: Freitag, Samstag, Sonntag. Am

Ende lauschten 400 000 Menschen den besten Musikern ihrer und aller Zeiten. Für nur acht Dollar pro Tag. Eigentlich. Tatsächlich aber fehlten Kassenhäuschen, und so kamen die meisten umsonst auf das rund 250 Hektar große Gelände. Zwei Babys erblicken in Woodstock das Licht der Welt. Sie bleiben längst nicht der einzige Nachwuchs der »Mutter aller Festivals«. Es folgten bis heute Legionen an Folgeveranstaltungen, natürlich auch in beiden Teilen Deutschlands. Wie das Love-and-Peace-Festival auf der Insel Fehmarn im Jahr 1970, wo Jimi Hendrix sein letztes Konzert gab, und die mehrtägigen Open-Airs der alternativen Musikszene Anfang der 1970er-Jahre in Ostdeutschland. Zu den Festival-Superlativen zählen die Loveparade in Berlin, die zu ihren besten Zeiten 1,5 Millionen Besucher hatte, das Wacken Open Air, das größte Heavy-Metal-Festival überhaupt, das mit 5,1 Liter Bier pro Kopf den Rekord im Festival-Kampftrinken hält, oder Bochum Total, mit circa einer Million Besuchern eines der größten kostenlosen Festivals Europas.

Eines der schillerndsten Festivals mit maximaler Promidichte ist sicher das Coachella Valley Music and Arts Festival, kurz »Coachella« genannt, das an zwei Wochenenden im April im Coachella Valley in Indio, Kalifornien, stattfindet. 429 Dollar kostet das Ticket. Die »VIP admission« beläuft sich auf 999 Dollar. Dafür bekommt man einiges geboten: neben den Künstlern auf der Bühne wie Eminem, Beyoncé, Lady Gaga oder David Byrne auch unzählige Celebrities im Publikum. Solche wie Justin Bieber, Kylie Jenner, Paris Hilton oder Alessandra Ambrosio. Influencer aus der Fashion- und Lifestyle-Blogger-Szene zahlen manchmal bloß für ein paar Stunden den hohen Eintritt, um sich vor der Hipsterkulisse im Netz als Teil des Coachella-Lifestyles präsentieren zu können – ohne eine einzige der Musikgruppen gesehen oder gehört zu haben. Für sie ist das Festival nur eine weitere Selbstdarstellungs- und Selfie-Kulisse, eine Fortsetzung ihres Arbeitsalltags und eines dieser »Stahlbäder des Fun«, die »die Vergnügungsindustrie unablässig verordnet«, wie Horkheimer und Adorno einmal schrieben. Dabei sollte das Leben am Wochenende doch eigentlich nach einer ganz anderen Melodie tanzen. Bevorzugt nach einem Liebeslied.

Ein Tag zum Verlieben

Tröstlich, dass ein paar Dinge gleich bleiben. Nach wie vor sorgt der Samstag tatkräftig dafür, dass das Konzept der Zweierbeziehung und damit die Menschheit nicht ausstirbt. Sogar in China ist der Samstag der Tag der Beziehungsanbahnung. Wer dort mit Mitte zwanzig oder gar Ende dreißig noch keinen Partner hat, für den übernehmen die Eltern die Suche. Sie setzen sich wie etwa in Schanghai in einem Park hinter einen Regenschirm, um einen Mann oder eine Frau zu finden, der zu ihrer Tochter oder die zu ihrem Sohn passt. Was ihre Kinder zu bieten haben, ist auf DIN-A4-Zetteln notiert, die auf den Schirmen kleben: Körpergröße, Jahrgang, Telefonnummer. Was sie sich erwarten, auch. Eine Mutter wünscht sich für ihre Tochter einen Mann unter vierzig, mit Wohnung und Auto. Eine andere für ihren vierzigjährigen Sohn eine Frau mit Immobilie. Bei Gefallen tauschen die

Eltern Telefonnummern aus und vereinbaren dann für ihre Kinder ein Blinddate. Sollte es klappen, werden sie vor allem samstags Sex haben. Wie die meisten Menschen. Nur Gelegenheit macht schließlich Liebe. Deshalb ist der Samstag auch Primetime fürs Verlieben und Ausgehen. Man macht sich hübsch und Illusionen. Auf Singlepartys ebenso wie in Musikclubs und Bars. Funkt es samstags, ist der Samstag auch Wunschtermin für die Zuneigungsvertiefung. In den USA, wo für die Kontaktanbahnung beinahe strengere Regeln gelten als in einem Kartäuserkloster, zeigt sich erst am Wochenende, wie ernst es noch werden könnte. Hat man sich am Samstag in irgendeiner Bar, beim Essen von Freunden oder im Musikclub kennengelernt, trifft man sich für ein erstes Date zunächst unter der Woche und bloß für ein paar Stunden. Erstens gilt das Wochenende als viel zu wichtig, um es einem noch ungewissen Projekt zu opfern, zweitens ist das erste Date vor allem dazu da, herauszufinden, ob sich ein zweites lohnt. Deshalb werden zunächst ein paar wichtige Eckdaten abgeglichen: Beruf, Einkommen, Hobbys, Kinderwunsch, Familienhintergrund und ob einer am liebsten über seine eigenen Witze lacht. Diese Treffen enden vor Mitternacht. Man muss ja wieder fit sein für den nächsten Arbeitstag, und es wäre viel zu früh, um einem noch gänzlich Unbekannten, der bislang nicht mehr als höchstens zwei Drinks investiert hat, zu weit entgegenzukommen. Zum Abschied gibt es deshalb höchstens ein Küsschen auf die Wange. Ohne jeden weiteren Körperkontakt. Findet der Mann, das sei gut gelaufen, ruft er die Frau an. Findet sie, dass es ein Reinfall war, geht sie einfach nicht ans Telefon. Sollten aber beide Gefallen aneinander gefunden haben, geht es am Wochenende in ein Restaurant und weiter. Es gibt in allen Städten bestimmte Lokale, in denen man an Samstagen nichts als Pärchen bei ihrem zweiten Date sieht. In so ziemlich sämtlichen Restaurantführern und Gastronomiekolumnen sind »Best second date«-Hotspots eine eigene Kategorie. Wie schon beim ersten Date zahlt auch beim zweiten und beim dritten der Mann. Das ist in Deutschland laut Auskunft von befreundeten Singlefrauen völlig anders. Hier sagt der Mann schon mal: »Die Rechnung bitte getrennt, und die große Flasche Mineralwasser geht an die Dame. Ich hatte ja höchstens ein Glas.« Dann geht eben alles wieder von vorne los: Man macht sich hübsch und Illusionen … Natürlich an einem Samstag.

Montag – das Wochenende hat Schluss gemacht

Es war am Morgen des 29. Januar 1979, als die sechzehnjährige Brenda Ann Spencer in San Diego das halb automatische Gewehr Ruger 10/22 zur Hand nahm, das ihr Vater ihr zum letzten Weihnachten geschenkt hatte. Sie setzte sich damit an ihr Schlafzimmerfenster und begann, auf die Grover Cleveland Elementary School gegenüber zu feuern. Innerhalb von zwanzig Minuten gibt sie etwa vierzig Schüsse ab. Sie tötet den Schulleiter Burton Wragg und den Hausmeister Mike Suchar, verletzt außerdem acht Schüler und einen Polizisten. Sechs Stunden dauert die Schießerei. Dann kommt Brenda Spencer plötzlich aus dem Haus, legt ihre Waffe auf den Rasen und lässt sich scheinbar völlig emotionslos abführen. Nach ihrem

Motiv gefragt, gab das Mädchen an: »Nothing's happening today. I don't like Mondays.« (»Heute ist gar nichts los. Ich mag keine Montage.«) Brenda Spencer wurde für ihre Tat zu zweimal fünfundzwanzig Jahren bis lebenslänglich verurteilt. Sie hat seitdem mehrfach versucht, begnadigt zu werden. Das nächste Mal hat sie 2019, am vierzigsten Jahrestag ihrer Morde, die Gelegenheit, einen weiteren Antrag zu stellen. Doch ihre Chancen stehen schlecht, auch weil ihre Tat noch immer traurige Berühmtheit genießt. Es war das erste Massaker an einer amerikanischen Schule nach zweiundfünfzig Jahren. Aber auch das erste einer unendlich langen Reihe furchtbarer Amokläufe, die sich in den USA seitdem in immer kürzeren Abständen ereignen. Und noch etwas hat dazu beigetragen, dass über Brenda Spencers Tat auch in den nächsten Jahrzehnten ganz sicher kein Gras wachsen wird: Bob Geldof hat die Morde damals zum Thema eines Songs der Boomtown Rats gemacht. Und der wurde zur Hymne aller Montagshasser: *I Don't Like Mondays.*

Die allermeisten kennen das Lied, haben aber vermutlich keine Ahnung, dass die Abneigung gegen den Montag nicht bloß auf diesem gefühlten physikalischen Phänomen beruht, nach dem sich die Zeit zwischen Montag und Freitag unendlich dehnt, aber zwischen Freitag und Montag in Warp-Geschwindigkeit vergeht. Dass der Song überhaupt so ein Welterfolg wurde, zeigt, dass der Montag ein echtes Imageproblem hat. Mit ihm enden die freien Tage. Diese Aussicht verhagelt den meisten Menschen bereits den Sonntagnachmittag, um sie dann am Montag gnadenlos in das finstere Tal der Alltagsroutine zu entlassen. Montag, das ist der Tag, an dem das

Wochenende mit uns Schluss macht. Der erste Tag der Arbeitswoche. Ganz offiziell seit dem März 1975. Seitdem empfiehlt die DIN-Norm 1355, ihn als Wochenbeginn zu betrachten (und außerdem, die Bezeichnung »Samstag« dem »Sonnabend« vorzuziehen). Zuvor hatte die Woche mit dem Sonntag begonnen. Nun endete sie damit. Anders als in den USA etwa, wo es immer noch heißt: »Sunday first!« Aber egal, was die DIN-Norm behauptet: Der Montag ist hierzulande emotionales Schlusslicht. So fühlt es jedenfalls die Mehrheit. Bei einer Umfrage sagten immerhin 79 Prozent von 885 befragten Deutschen, dass ihnen der Montag aufs Gemüt schlagen würde. Kein Wunder in einem Land, in dem die Arbeitszufriedenheit regelmäßig deutlich im Minus ist. Das montägliche Stimmungstief ist nicht nur waffenscheinfähig, sondern auch Platzhirsch im Reich der Miesepetrigkeit. Oder, wie es ein User auf Twitter formuliert: »Von meiner schlechten Laune könnten zwölf Teenager drei Jahre lang pubertieren.« Klar, dass man so nicht ordentlich arbeiten kann. Entsprechend leisten Montage ihre ganz eigenen Beiträge für die Rubrik »Pleiten, Pech und Pannen«.

»Montagsproduktion« oder auch »Montagsstück« nennt man, wenn etwas fehlerhaft ist. Vor allem bei der Automobilherstellung scheint das der Fall zu sein. Von »Montags-PC« oder »Montagsmixer« oder »Montagsstaubsauger« habe ich jedenfalls noch nichts gehört. Dafür wurde der Begriff des »Montagsautos« 2013 vom Bundesgerichtshof offiziell bestätigt als Bezeichnung für Neufahrzeuge mit »herstellungsbedingten Qualitätsmängeln«. Auch im Niederländischen kennt man das Phänomen. Dort nennt man es »Maandagexemplaar« oder eben

»Maandagauto«. Im Englischen dagegen traut man vor allem dem Freitag alles zu. Dort kennt man nur das »friday afternoon car«. In der Annahme, dass die britischen Arbeiter eben am Wochen-Ende gedanklich woanders sind, während die Deutschen das Schludern am liebsten am Wochenanfang erledigen. Ebenso wie das Verunfallen: Das Montags-Aufmerksamkeits-Defizit-Syndrom, kurz MADS, ist hierzulande ein lebensgefährliches Risiko. Auf dem Weg zur Arbeit verunglücken montags mehr Pendler als an anderen Tagen. Zu ähnlich traurigen Spitzenwerten bringt es sonst nur der September, sozusagen der Montag unter den Monaten in Sachen Unfallhäufigkeit. Jetzt hätte man eigentlich längst ausreichend viele Argumente beisammen, um den Montag daheim im Bett zu verbringen und mit dem Dienstag in eine glücklichere Arbeitswoche zu starten. Aber der »blaue Montag« hat als geregeltes und erlaubtes Schwänzen des Montagsfrusts bloß noch als Redewendung »blaumachen« überlebt.

Wie der Montag blau wurde, darüber gibt es verschiedene Theorien. Eine stammt aus dem Färberhandwerk. Demnach war Blau eine heikle Farbe, sehr kompliziert herzustellen. Das geschah am Sonntag. Am Montag holte man die Stoffe aus dem Farbbad und hängte sie an die Luft, weil erst die Oxidation dem Blau so richtig zum Durchbruch verhalf. Die Färber hatten somit Zwangspause und tranken dabei auch ordentlich. Sie waren »blau« und machten »blau«. Eine andere Interpretation leitet das »Blau« von »bleuen«, also sich verprügeln ab. Angeblich eine der Hauptbeschäftigungen betrunkener Handwerker. Eine nächste Theorie will das Blau als bestimmend in den Trachten erkannt haben, die man an Feiertagen trug. Der Montag war nämlich eine ganze Weile auch ganz offiziell ein freier Tag, so eine weitere, allerdings mit Dokumenten ziemlich gut gesicherte Hypothese. Als Folge der Pest war es demnach im 14. Jahrhundert zu einem Fachkräftemangel gekommen. Um die Gesellen anzulocken und weil eine direkte Lohnerhöhung nicht möglich war, gewährte man eben einen Extra-Tag frei. Das ging einige Jahrhunderte durch, bis sich die Ansicht von Friedrich dem Großen durchsetzte, der in einem Edikt vom 24. März 1783 die Gesellen anwies, »an allen Montagen ebenso fleißig und lange als in den übrigen Werktagen zu arbeiten«. Das Blaue im Montag habe in diesem Zusammenhang nichts mit der Farbe zu tun, so die Schweizer Schriftstellerin Salcia Landmann. Der Ursprung des Begriffs läge vielmehr in der hebräischen Negation, nämlich *b'lo* oder *b'law*. Übersetzt bedeutet das »ohne ihn«, also ohne. In dem Fall ohne Arbeit. Was immer dem Montag sein Blau verschafft hat, es hat ihm ein langes Leben beschert. Bis heute lebt der »blaue Montag« weiter, so etwa in der Gastronomie oder im Friseurhandwerk, wo man in der Regel montags nicht arbeitet, ebenso wie in vielen Museen. In der DDR waren am Montag die Bäckereien grundsätzlich geschlossen. Alles als Ausgleich für die Samstagarbeit in diesen Berufen.

Jetzt könnte man annehmen, dass am Montag auch in Eigeninitiative für mehr Blau am Wochenanfang gesorgt wird, doch das wäre ein Irrtum. Laut einer Studie der AOK werden die meisten Krankmeldungen (20,3 Prozent) am Dienstag eingereicht. Am Montag dagegen ereignen sich die mit Abstand am wenigsten »Arbeitsunfähigkeitsfälle« (11,9 Prozent) der ganzen Woche. Nicht mal der Freitag, von dem man doch eigentlich annehmen könnte, dass er der denkbar schlechteste Tag zum Krankwerden ist, kann da mit 12,2 Prozent mithalten. Hat der Montag also eigentlich seinen schlechten Ruf gar nicht verdient? Zumindest kann man auch viel Gutes über ihn sagen. Er ist nämlich unverwechselbar. Anders als Dienstag, Mittwoch oder Donnerstag. Diese Tage sind in unserer Wahrnehmung ohne besondere Eigenschaften. Montage und Freitage dagegen sind sehr markant und würden bei einer Gegenüberstellung sofort wiedererkannt werden. Der Montag gilt demnach als eher übler Charakter, während der Freitag allein wegen seiner direkten Nachbarschaft zum freien Wochenende Sympathiepunkte sammelt. Aber wie heißt es so schön in der Werbung: besser ein schlechtes Image als gar keines. Man könnte auch sagen: Reibung erzeugt Wärme. Und die wird dem Montag durchaus entgegengebracht. Auch aus Dankbarkeit, in ihm praktisch wöchentlich ein seelisches Korrektiv zu haben. Ein willkommenes Überdruckventil. Einen Tag, an dem man quasi ganz offiziell einmal durchhängen darf. Weil es alle tun und weil jeder versteht, wenn man sagt: »Nicht getötet am Montagmorgen ist zurückgegrüßt genug!«

Aus der Psychologie weiß man, dass nichts Menschen so sehr miteinander verbindet, wie gemeinsam über etwas jammern zu können. Und da gibt der Montag – gleich neben dem schlechten Wetter (zu heiß, zu nass, zu kalt), den diversen Stadien körperlichen Verfalls sowie den Zumutungen der Arbeitswelt – eines der beliebtesten Kaffeeküchenthemen ab. Wenigstens über diesen Teil des

Lebens lässt sich immer eine Einigung erzielen. Und das ist eine Menge in einer Zeit, in der man sich hierzulande noch nicht mal mehr zu zweit auf ein gemeinsames Essen einigen kann, weil der eine sich gerade vegan ernährt und dem anderen Fleisch das unverzichtbare Gemüse ist. Manchmal ist eben von Herzen gehasst zu werden auch so etwas wie Leidenschaft und der Liebe ziemlich nahe. Das zeigt auch eine Studie aus Vermont. Die Mathematiker Christopher Danforth und Peter Dodds haben errechnet, dass man sogar Wochentagen übel nimmt, wenn sie so ganz und gar uneindeutig sind und überhaupt keinen Charakter haben. Weder einen guten noch einen schlechten. Um zu dieser Erkenntnis zu kommen, haben die Forscher 2,4 Millionen Blogeinträge über einen Zeitraum von vier Jahren nach der Häufigkeit von negativen und positiven Worten geprüft. Sie schauten also, wie oft und wann etwa Worte wie »toll« oder »großartig« fielen. Aber auch solche wie »Ärger« oder »Frust«. Das Ergebnis: Nicht der Montag war Negativ-Spitzenreiter, sondern der Mittwoch. Das Mittendrin im Nirgendwo wurde offenbar als extrem öde empfunden. Der Sonntag dagegen war in der Studie der glücklichste Tag der Woche. Auch weil sich die Blogger da über den Samstag austauschen konnten. Am Ende ist der Montag also eigentlich gar kein so übler Tag. Aber natürlich behält man das besser für sich. Schon weil keiner Menschen mag, die Montage mögen und damit auch noch den kleinsten gemeinsamen Nenner hierzulande auflösen: das Glück, wenigstens ein Mal pro Woche einen exzellenten Grund zum Jammern zu teilen.

11 Gar kein Sonntag ist auch kein Leben

Es war vor einigen Jahren bei einem Essen mit Freunden. Die Gespräche des Abends drehten sich um die vermeintliche Servicewüste Deutschland. Als besonders beklagenswert befand einer der Gäste, am Sonntag ohne frische Brötchen auskommen zu müssen. Ausgerechnet wenn man mal Gelegenheit für ein ausgiebiges Frühstück habe, so die Beschwerde, sei die Bäckerei seines Vertrauens geschlossen. Lange würde sich der Bäcker das aber nicht mehr leisten können, freute sich der Gast und verwies auf den neuen Service der Tankstellen, die damals damit begonnen hatten, etwas zu verkaufen, das zumindest für den Laien den Tatbestand eines »Brötchens« erfüllte: Es sah so aus, es roch so und es war noch warm, wenn man es über den Tresen gereicht bekam. Der Gast meinte: »Bevor die Bäcker die ganzen schönen Sonntagsbrötchenverkaufseinnahmen der Tanke überlassen, werden sie sich wohl auch sonntags mal aus dem Bett bemühen müssen!« Ich bin die Tochter eines Bäckermeisters – unmöglich also, das unkommentiert zu lassen. Zum einen, so klärte ich auf, handele sich bei den Backwaren, die er da als Vorhut für eine vermeintlich bessere Zukunft pries, größtenteils um billige Plagiate. Um Teiglinge, die in China hergestellt und dann um den halben Erdball geflogen werden, ausgestattet mit der maximal zulässigen Zahl von Zusatzstoffen wie E472e, einem Emulgator, der das Volumen erhöht, oder mit Ascorbinsäure für eine schnellere Reife. Zum anderen gäbe es ein »Sonntagsbackverbot«, gedacht als Schutz für die kleineren Handwerksbetriebe gegenüber den Großbäckereien, die sonst wegen der höheren Sonntagslöhne und eventuell neu einzustellenden Personals kaum mehr mithalten können würden. Ohnehin sei der Beruf viel zu hart, um ihn sieben Tage die Woche auszuüben. Jedenfalls wenn man noch selbst am Ofen stünde wie mein Vater. Vor allem aber sei es doch so: Wenn erst der Bäcker am Sonntag arbeitete, spräche eigentlich nichts mehr dagegen, den Sonntag generell für die Arbeit freizugeben. Das frische Brötchen sei bloß der Anfang, sozusagen der Fuß in der Tür der Sonntagsarbeit für alle.

Was soll ich sagen: Dieser Freund ist seitdem Geschichte. Leider auch das Sonntagsbackverbot. Was mit dem Brötchenverkauf an der Tanke begann, setzte die Bäcker ausreichend unter Druck, ihren letzten freien Tag zu opfern, um auch jene Kunden zu halten, die unter der Woche im Discounter Tiefkühlware kaufen, aber am Sonntag ohne frische Brötchen nicht leben können. Mit meinem Vater war auch meine Mutter nun an sieben Tagen die Woche berufstätig. »Samstags gehört Vati mir!«, dieser Slogan, mit dem die Gewerkschaften schon in den 1950er-Jahren in den Kampf um die Arbeitszeitverkürzung gezogen waren, hatte für uns sowieso nie gegolten. Für »Vati« war Samstag nämlich der härteste Tag der Woche. Da hatte er die ganze Nacht durchgearbeitet. Bis mittags, um dann erschöpft ins Bett zu sinken und abends mühsam wenigstens bis zum *Wort zum Sonntag* die Augen offen zu halten. Nun erschien er auch sonntags kurz – meist noch in Arbeitsklamotten – zum Sonntagsbraten, um sich danach für ein paar Stunden aufs Ohr zu legen. Danach folgten Kaffee und Kuchen, bevor die Arbeitsvorbereitungen für den Montag anstanden. Es war die ewige Arbeitshölle. Die totale Selbstausbeutung. Um es gleich zu sagen: Die Ehe hat es überlebt. Mein Vater, seit fast zwanzig Jahren in Rente, ist – seit er dazu Gelegenheit hat – ein leidenschaftlicher Schläfer geworden, der es inklusive Mittagsschläfchen auf locker zwölf Stunden Ruhezeit bringt. Er sagt, er habe da immer noch einiges nachzuholen.

Endlose Arbeitswochen

Man muss kein Christ und/oder Bäcker sein, um festzustellen, dass die Abschaffung des Sonntags beziehungs- und familienfeindlich, gesundheitsschädlich, unmenschlich und überhaupt eine total bescheuerte Idee ist. Man kann auch einfach bloß aus der Geschichte lernen. Etwa aus der Französischen Revolution. Auch sie glaubte einmal, ohne den Sonntag auskommen zu können. Wie die Aufständischen die Monarchie abgeschafft hatten, so sollte nun auch alles eliminiert werden, was an die alten Religionen erinnerte. Obwohl die Französische Revolution die Gleichheit aller – und damit auch erstmals die der Juden – proklamiert hatte, wurden unter dem Regime der Jakobiner deshalb nicht nur Kirchen, sondern auch Synagogen in Ställe und Lagerhallen verwandelt, zahlreiche Priester und Rabbiner hingerichtet. Die Revolution versilberte auch die Kirchenschätze und stutzte manchen Kirchturm auf »demokratische Höhe«. Nichts sollte größer sein als das Volk – oder seine Behausungen. Eine andere Ära hatte begonnen, und das sollte nun auch mit einer neuen, republikanischen Zeitrechnung gewürdigt werden. Eine, die keinen Sonntag mehr vorsah. Die Revolutionäre datierten ihren Kalender ab dem 22. September 1792 und starteten mit dem »Jahr I der Republik« (An I de la République Française). Nun bestand das Jahr zwar immer noch aus zwölf Monaten. Doch statt der vier Siebentagewochen hatte nun jeder Monat drei Wochen mit jeweils zehn Tagen. Der französische Dichter Fabre d'Eglantine verlieh den Monaten hübsche neue Namen, die auf die jeweiligen Jahreszeiten bezogen waren. Etwa »Vendemiaire« (»Weinlesmonat«) für die Zeit zwischen dem 22. September und 21. Oktober oder »Floreal« (»Blütenmonat«) für den Zeitraum zwischen dem 19. April und 18. Mai oder »Fructidor« (»Fruchtmonat«) für die Zeit vom 17. August bis 18. September. Die Wochentage wurden von eins bis zehn durchnummeriert: Primidi, Duodi, Tridi, Quartidi, Quintidi, Sextidi, Septidi, Octidi, Nonidi und Décadi. Dieser zehnte Tag war der Tag der Arbeitsruhe, dem Sonntag ähnlich. Anfangs wurden an Decadi noch Gottesdienste abgehalten, bis auch die verboten wurden und man sie durch die »Dekadenfeiern« ersetzte. Statt den Rosenkranz zu beten, las man jetzt Verordnungen und Beschlüsse vor und erteilte Belehrungen in Staatsbürgerkunde. Natürlich waren auch Ostern, Weihnachten und überhaupt sämtliche christliche Feiertage gestrichen. An ihre Stelle traten sieben sogenannte Nationalfeste und weitere Feste zum Andenken an die wichtigsten Daten der Revolution. Extrafreizeit gab es außerdem zwischen dem 17. und 21. September. Zwölf mal dreißig Tage ergaben ja nur 360 Tage, um auf 365 zu kommen, musste man nun fünf Tage dazuaddieren, in Schaltjahren sechs. Die so übrig gebliebenen »Sansculottides« waren frei und galten als Festtage, jeweils einem anderen Aspekt der Revolution gewidmet: der Tugend, dem Geist, der Arbeit, der Meinung, den Belohnungen – und der Revolution selbst.

Die nun schier endlosen Arbeitswochen sorgten aber bald ebenso für Unmut wie der von oben verordnete neue Lebensrhythmus. Besonders auf dem Land steckte den Menschen die alte Zeitrechnung noch in den Knochen. Briefe datierte man deshalb vorsichtshalber nach dem neuen und nach dem alten Kalender: »8. Pluviose, drittes Jahr der französischen Republik, oder 27. Januar 1795 des Sklavenstils.« Überhaupt leistete das Volk nach Kräften passiven Widerstand, drückte sich vor den Dekadenfeiern und besuchte stattdessen an den »alten« Sonntagen die Kirchen oder das, was von ihnen übrig war. Offenbar fehlte es dem vermeintlich so Vernünftigen, Logischen, Gleichen, Übersichtlichen entschieden an Puls. Kein Sonntag war einfach kein Leben.

Bald zeigte sich, wie unvernünftig es ist, nur noch auf die Vernunft zu setzen. Forderungen nach freier Religionsausübung wurden so laut, dass man der Kirche im Zuge eines allgemeinen Rechtsrucks 1795 wieder mehr Freiheiten gewährte. Nachdem sich Napoleon an die Spitze Frankreichs gesetzt hatte, schloss er schließlich 1801 ein Konkordat mit Papst Pius VII., mit dem die Kirchen quasi den Sonntag zurückkauften. Der Deal: den Revolutionskalender in einer vierjährigen Übergangszeit gegen den Gregorianischen Kalender auszutauschen. Der Papst erhielt nun offiziell wieder die Autorität über die christliche Kirche Frankreichs. Dafür erkannte er an, dass der katholische Glaube nicht mehr Staatsreligion war und viele wichtige kirchliche Entscheidungen nur mit Zustimmung der Regierung getroffen werden konnten.

Wanderdüne der Zeit

Man hätte nun klüger sein können und wissen müssen, »dass ein gestohlenes Gut niemals Segen bringt, auch nicht der Tag, den ihr dem Herrn nehmt«, wie es der französische Priester Jean-Marie Vianney einmal formulierte. Leider waren die Bolschewiken 1917 nicht sehr darauf erpicht, aus der Geschichte zu lernen. Sie schrieben ja gerade selbst welche. Ihre Revolution hatte bereits den Zaren abgesetzt und dessen gesamte Familie nebst Dienern gemeuchelt. Sie hatte die »Diktatur des Proletariats« ausgerufen, und das mit weltweiter Strahlkraft. Unter anderem hatten sich in Deutschland, Österreich, Ungarn und der Slowakei, aber auch im Iran Räterepubliken nach russischem Vorbild etabliert. Selbst in den USA spürte man das Beben, wurde »red scare« zum Schlagwort für die Jahre bis 1920, mit der Folge, dass damals Tausende tatsächlicher oder vermeintlicher Kommunisten verhaftet wurden. Wenn Wladimir Iljitsch Uljanow, genannt Lenin, auch nur »Buh!« sagte, hatte der ganze Globus eine Panikattacke. Auch er träumte von einer neuen Zeit, einer, die die Freizeit der Genossen empfindlich beschneiden und die Produktivität ankurbeln würde. Aber noch war das nicht mit der Arbeiterschaft zu machen. Stattdessen stellte Lenin sein Land ab 1918 auf den Gregorianischen Kalender um.

Bis dahin hatte der Julianische Kalender, in Ägypten entwickelt und von Julius Caesar im Jahre 45 v. Chr. im Römischen Reich eingeführt, den Takt vorgegeben. Es war ein reiner Sonnenkalender und der erste mit einer periodischen Schaltjahresregel. Das Jahr hatte 365,25 Tage, und um den Vierteltag auszugleichen, gab es drei Jahre mit 365 und ein Schaltjahr mit 366 Tagen. Die Monate waren in solche zu dreißig und einunddreißig Tagen gegliedert und in siebentägige Wochen. Aber ein Sonnenjahr dauert nicht genau 365,25 Tage, sondern ist um elf Minuten und vierzehn Sekunden länger – dadurch verschiebt sich das Jahr alle 128 Jahre um einen Tag. Das läpperte sich über die Jahrhunderte und machte die Feiertage zu einer Art Wanderdünen der Zeit. Deshalb setzte Papst Gregor der XIII. im 16. Jahrhundert eine Reform durch. Nur die orthodoxe Kirche, Gegenspielerin des Papstes in Rom, verweigerte sich und blieb beim Bewährten. Mit der Folge, dass man mit den Nachbarländern und ihrer Zeitrechnung »neuen Stils« aus dem Takt geriet. Dennoch lehnte Zar Nikolaus I. eine geplante Umstellung, auch mit Rücksicht auf die orthodoxe Kirche, als »unzeitgemäß und nicht wünschenswert« ab.

Doch nun hatte die Diktatur des Proletariats das Sagen, und die wollte sich mit den Klassenbrüdern in den anderen Ländern auch zeitlich in Gleichklang bringen. Um die Zeitverschiebung zwischen den beiden Kalendern auszugleichen, machte man bei der Umstellung einfach einen Sprung von dreizehn Tagen: Man ging also am 1. Februar ins Bett und wachte am 14. wieder auf. So rutschte auch der Beginn der Oktoberrevolution vom 25. Oktober auf den 7. November. Nach Lenins Tod, 1924, setzte Josef Wissarionowitsch Dschugaschwili, der sich »Stalin« (Der Stählerne) nannte, das »Werk« fort, »die Weltrevolution voranzutreiben«. Mit brutalster Gewalt, etwa bei der »Kollektivierung«, in deren unmittelbarer Folge sechs Millionen Menschen Opfer von Hungersnöten werden. Stalin glaubte, dass Russland vor allem wegen seiner »Rückständigkeit fortwährend geschlagen wurde«. Er wollte es dem Westen zeigen – mit einer grausam erzwungenen Steigerung der Produktivität, etwa auch in der Schwerindustrie. Wichtigster Antrieb und härteste Knute zugleich: die Umstellung des Kalenders auf einen Schichtplan. Ab 1929 gab es keinen Sonntag, keinen Samstag und damit auch keinen Sabbat mehr. Die Arbeitswoche – bestehend aus fünf Arbeitstagen und einem Ruhetag – war gleitend. Dafür teilte man die Arbeiter in fünf verschiedene Farbgruppen ein, und jeweils eine Farbgruppe bekam an einem anderen Tag frei. Da in der neuen Zeitrechnung fünf Tage übrig blieben, ernannte man sie zu Feiertagen: einen für Lenin, zwei für die Arbeit und zwei für die Industrie. Diese Tage liefen komplett außerhalb der Zählung und wurden einfach zwischen zwei Daten geschoben. So ankerte etwa der

»Lenin-Tag« wie ein Geisterschiff zwischen dem 31. Januar und dem 1. Februar.

Die *Prawda* nannte 1930 die neue Zeitrechnung »zertrümmerlicher Schlag gegen die Trägheit, gegen die religiösen Vorurteile und gegen die Traditionen des sonntäglichen Saufens und des zu verbummelnden Montags«. Das ambitionierte Plansoll der sonntagsfreien Woche: Der erste Fünfjahresplan sollte eine Steigerung der Industrieproduktion um fünfzig Prozent erreichen. Zur allgemeinen Überraschung aber blieb der erhoffte Zuwachs der Produktivität aus. Dafür sank die Geburtenrate, weil die Menschen einfach nicht mal mehr zur Paarung zusammenkamen. Überhaupt zeigte sich wieder einmal, dass die Umstellung des Kalenders nicht etwa mehr Gewinn, sondern nur mehr Chaos brachte. Für Arbeitsabläufe erwies es sich als schwierig, wenn an einem Tag der Abteilungsleiter fehlte, weil er freihatte, und am nächsten seine Sekretärin, weil sie in eine andere Farbkategorie fiel. Viele Betriebe stiegen auch aus diesem Grund mehr oder weniger klammheimlich aus der neuen Zeitrechnung aus und organisierten sich selbst. Auf dem Land wurde sie ohnehin weitgehend ignoriert. Es nützte wenig, dass Stalin seinen Kalender schon nach zwei Jahren korrigierte und die Fünftagewoche um einen Tag verlängerte, mit einem gemeinsamen Ruhetag für alle Werktätigen am sechsten Tag. Entgegen Lenins Diktum, der 1922 einmal sagte: »Niemals werden wir eine einzige Eroberung, die wir gemacht haben, wieder herausgeben!«, führte Stalin ab 1940 den Gregorianischen Kalender mit seiner Siebentagewoche wieder ein und rückte damit den Sonntag wieder raus.

12 Elefanten und Regenwürmer

»Sonntagsarbeit macht nicht reich.«
Italienisches Sprichwort

Es geht nicht ohne Sonntag. Wir müssten der Geschichte und den Opfern dieser Erfahrung dankbar sein ob dieser groß angelegten und unmissverständlichen Nachweise, die sie mit dem französischen wie dem russischen Revolutionskalender dafür erbracht hat. Auch weil man sich für diese letztlich brutalen und ethisch mehr als fragwürdigen Experimente einer neuen zeitlichen Ordnung nicht mal selbst die Hände schmutzig machen musste und trotzdem von den Ergebnissen profitieren darf. Man könnte nun mit Sicherheit sagen, dass stets große Verluste zu beklagen waren, wann immer man versuchte, den Sonntag der Arbeitswoche zuzuschlagen. Und zwar an der Grundversorgung von Verlässlichkeit, Kultur, Leichtigkeit, Schwermut, Muße, Selbstfindung, Ritualen, Bräuchen, Beziehungen, Familienleben und der stillen und so beruhigenden Übereinkunft, dass wir alle wenigstens am Sonntag Zeit für das alles haben. Leider verläuft die Lernkurve in dieser Hinsicht alles andere als steil. So zuverlässig wie der tägliche Sonnenaufgang wird immer wieder darüber diskutiert, den Sonntag abzuschaffen.

Und wie einst Stalin befindet nun ausgerechnet das Kapital, dass der Sonntag »überholt und antiquiert« sei (Ex-IBM-Manager, Expräsident des Bundesverbandes der Deutschen Industrie und AfD-Politiker Hans-Olaf Henkel). Nach der guten alten Marketingdevise »Akzeptanz durch Penetranz« predigt vor allem der Einzelhandel mit der Unverdrossenheit von Shoppingkanälen das Einkaufen als die einzig wahre Sonntagsfreiheit. Zumal, so wird argumentiert, man es doch getrost dem »mündigen Bürger« überlassen könnte, ob er sonntags ruhen, die Kirche besuchen, im Bett liegen bleiben oder doch lieber nach einem neuen Paar Schuhe Ausschau halten will. Es käme demnach einer unzumutbaren Gängelung gleich, wie uns ein bestimmter Gebrauch des Sonntags vorenthalten respektive vorgeschrieben wird. Wenn der Sonntag das Krönungszeremoniell der Freizeit sei, dann wäre das Shopping quasi seine Tiara. Ohnehin kauften die Menschen längst auch am Sonntag ein. Nämlich im Internet. Verweigere man dem Einzelhandel gleiches Recht mit dem Beharren auf die Sonntagsruhe, sei es nur eine Frage der Zeit, bis die Geschäfte in den Fußgängerzonen bald ganz schließen und damit nicht nur Arbeitsplätze, sondern auch eine ganze Shoppingkultur dem Untergang geweiht sei. »Der Handel braucht gegenüber der Online-Konkurrenz faire Bedingungen, sonst sterben die Innenstädte aus«, drohte Parteichef Christian Lindner in der *Bild am Sonntag*. Als könne man die Wohltaten dieses einen Ruhetags so einfach mit verlängerten Ladenöffnungszeiten überschreiben. Als wäre es die Hauptbeschäftigung des Sonntags, uns von den Ladenkassen fernzuhalten. Ein Eindruck, der mit bundesweiten Initiativen noch befeuert wird. Zuletzt mit »Selbstbestimmter Sonntag«, initiiert von Karstadt, Kaufhof, großen Einkaufszentren und anderen Händlern. Das Stakkato zeigt Erfolg: In Umfragen regiert zunehmend das große Schmollen, wünscht eine Mehrheit, vom Freisein befreit zu werden.

Mit der Perspektive des Einzelhandels auf den Sonntag aber verhält es sich wie mit dem Witz vom Biologiestudenten, der sich für seine Prüfung nur auf ein einziges Tier vorbereitet hat: den Regenwurm. Dann aber kommt der Elefant dran. Student: »Der Elefant ist groß und hat einen Rüssel, der einem riesigen Regenwurm ähnelt. Der Regenwurm ...« Bleiben wir also zunächst beim Regenwurm, dem so gern in die Diskussionsarena geführten Leiden des stationären Handels am Onlineshopping. Angeblich das Methadon des Deutschen, der auch am Sonntag irgendwie an seinen »Stoff« kommen will und mangels Alternativen also zur digitalen Ersatzdroge greift. Laut dem Bundesverband E-Commerce und Versandhandel (bevh) ist der beliebteste Wochentag fürs Onlineshopping aber gar nicht der Sonntag. Er liegt lediglich auf Platz drei, nach Freitag und Samstag. Online würde also vermutlich auch weiterhin mit steigender Tendenz eingekauft, wenn am Sonntag die Läden geöffnet wären. Und zwar abends zwischen 18 und 24 Uhr, der bevorzugten Zeit für Onlineeinkäufe. Außerdem kann ich zwar rund um die Uhr meinen virtuellen Einkaufskorb füllen. Solange der Paketdienst aber nicht auch sonntags klingelt, fehlt dem Onlineshopping der entscheidende psychologische Vorsprung: das Erworbene jetzt gleich zur Verfügung zu haben. Ohnehin würden nicht alle gleichermaßen von geöffneten Läden am Sonntag profitieren. Vor allem kleinere Geschäfte wären im Nachteil. Müssten die Inhaber ja nun auch am Sonntag Personal bezahlen oder selbst hinter dem Verkaufstresen stehen.

In Italien haben deshalb vor allem die Kleinhändler gegen die unbegrenzten Ladenöffnungszeiten votiert, die Ministerpräsident Mario Monti 2012 per Gesetzesänderung eingeführt hatte. Seitdem dürfen Geschäfte, Supermärkte und Einkaufszentren vierundzwanzig Stunden am Tag, sieben Tage die Woche inklusive Feiertage geöffnet sein. Oder besser: durften. Die italienische Regierung aus Lega und populistischer Fünfsternebewegung plant, unterstützt von den Gewerkschaften und dem Handelsverband Confesercenti, diese weitgehende Liberalisierung der Ladenöffnungszeiten rückgängig zu machen. Begründung: »Die Ladenöffnung am Sonntag und an Feiertagen, auch die der großen Einkaufszentren, hat nicht die positiven Auswirkungen auf Wirtschaft und Beschäftigung gehabt, die man sich mit der Liberalisierung Montis erhofft hatte. Sie benachteiligt die Arbeitnehmer, die sonntags arbeiten müssen, und den Kleinhandel. Es ist besser, wenn das geltende Gesetz abgeschafft wird«, so Barbara Saltamartini, Präsidentin der Kommission für produktive Tätigkeiten in der italienischen Abgeordnetenkammer. Der neue Plan sieht vor, die Läden nun an acht Sonntagen pro Jahr geöffnet zu halten, damit die Italiener wieder mehr Zeit für Familie und Meer haben. Auch in Polen konnte man bis vor Kurzem noch rund um die Uhr einkaufen. Seit dem 1. März 2018 aber sind nur noch zwei verkaufsoffene Sonntage pro Monat erlaubt. Ab 2020 bleiben die Läden sonntags ganz geschlossen. Natürlich gab der Handel ob dieser Aussichten gleich den sterbenden Schwan, als hätte Dante in seinem Inferno noch einen zehnten Kreis der Hölle vergessen: verrammelte Läden am Sonntag. Umsatzeinbußen in Milliardenhöhe, mindestens 36 000 Jobs in Gefahr, massive Stellenstreichungen – die polnische Vereinigung von Einkaufszentren fuhr gleich die ganz großen Geschütze auf. Bislang vergebens.

Goethes kurze Beine

Man kann darüber streiten, ob der Sonntag ausgerechnet von stramm rechtskonservativen Parteien geschützt werden sollte. Ob es diesen Schutz und damit den freien Sonntag nicht entwertet, wenn sich Leute, die den Rechtsstaat ruinieren und die Menschenrechte für eine bizarre Obsession der Linken halten, für ihn starkmachen. Ganz sicher aber kann man einen Euro nur ein Mal ausgeben. Ganz egal, wie viel Bedenkzeit einem die Ladenöffnungszeiten dafür geben. Und wenn man die Verödung der Innenstädte, gerade am Sonntag, beklagt, könnte man auch einmal darüber nachdenken, ob die vermeintlichen Lösungen das Problem nicht noch verstärken: noch mehr Ladenketten, noch höhere Mieten, noch weniger Vielfalt und auch noch weniger Lokalkolorit. Längst sind die Metropolen ja zu einer einzigen großen Fußgängerzone verschmolzen, auf der man nicht mehr weiß, ob man sich gerade in Frankfurt, München oder Köln befindet: überall die gleichen Niederlassungen von H&M, Douglas, Zara, Deichmann, COS, & Other Stories, Primark, Bershka, Esprit. Dasselbe in den Einkaufszentren, die man unbedingt auch noch brauchte, quasi als Spiegelneuronen der Citys und von Anfang an ebenso dem Tode geweiht wie todbringend für die Innenstädte. Zu deren Belebung würde deshalb möglicherweise etwas ganz anderes wertvolle Beiträge leisten, als den freien Sonntag zu opfern: Wenn man auch in Bestlagen günstig wohnen könnte, wenn man auch auf kleinen Flächen und mit einem übersichtlichen Angebot sein Auskommen hätte. Wie verlockend inhabergeführte Cafés, Restaurants, Boutiquen, Buchhandlungen, Galerien, Musikclubs sind, konnte man unschwer in Berlin nach dem Mauerfall sehen. Bevor auch die Hauptstadt Spekulationsobjekt wurde. Ja, auch jenseits der Geschäfte müssen viele Menschen ohnehin am Sonntag arbeiten. Weil sie Kranke pflegen, als Journalisten, Feuerwehrleute, in der Landwirtschaft tätig sind oder am Theater, bei der Bahn, in Ausflugslokalen, Museen oder Stadien. Aber gerade sie schätzen den freien Sonntag zwischendurch. Weil sie aus Erfahrung wissen, wie schwer es ist, ein Sozialleben aufrechtzuerhalten, wenn freie Tage flexibel sind. Den Sonntag auf seine Einkaufsmöglichkeiten zu reduzieren wäre ohnehin, als wollte man bloß über Goethes kurze Beine sprechen statt über sein Werk.

Es werden bessere Zeiten kommen –
ein Nachwort

> »... *und dann muss man*
> *ja auch noch Zeit haben,*
> *einfach dazusitzen und vor*
> *sich hin zu schauen.* «
> Astrid Lindgren

Meine Sonntage sind gleichzeitig herrlich und unspektakulär: Ich schlafe, bis mir mein Mann den Kaffee ans Bett bringt. Ich gehe im Park laufen, sofern mir der Wettergott keine exzellente Ausrede wie Regen oder Schnee beschert, es nicht zu tun, und später fahren wir in die Kleinstadt vor Frankfurt zu meinem Vater. Bis zu ihrem Tod vor einigen Jahren hatte meine Mutter schon den halben Vormittag in der Küche gestanden, um für einen exzellenten Sonntagsbraten zu sorgen. Jetzt bin ich für die sonntägliche Verköstigung zuständig. Das heißt: Die Zubereitungszeit für das Familienessen wird möglichst kurz gehalten. Meist besprechen wir schon am Mittwoch den Speiseplan, und immer, wirklich IMMER schlägt mein Vater vor, dass wir doch eigentlich »mal wieder« Blumenkohl zum Schnitzel oder zur Leber oder zur Hähnchenkeule servieren könnten. »Hatten wir ja lange nicht!« Selbstverständlich mit einem fetten Gemisch aus Sahne und Käse überbacken. Die für meinen Vater einzige Möglichkeit, aus Gemüse ein ernst zu nehmendes Nahrungsmittel zu machen. Wir essen gemeinsam und gehen danach zum Friedhof, um das Grab meiner Mutter zu besuchen. Später gibt es Kuchen, den mein Vater – einmal Bäcker, immer Bäcker – für uns gemacht hat. Meist nehmen wir den größten Teil davon mit für die Nachbarn in unserem Mehrfamilienhaus, die ihn längst fest in ihren Sonntags-Menüplan eingeplant haben. Ein weiteres Sonntagsritual. Am Nachmittag übt mein Mann auf seiner Gitarre ein neues Surf-Stück, oder er macht ein Mittagsschläfchen, und ich sitze am Schreibtisch. Ja, ich arbeite. Nicht immer, aber oft. Auch dieses Buch hat mich viele Sonntagnachmittage beschäftigt. Dass ich trotzdem so vehement für ein möglichst umfängliches Sonntagsarbeitsverbot bin, ist dabei kein Widerspruch. Es ist etwas anderes, ob man arbeiten kann oder muss. Ob wenigstens an einem Tag in der Woche niemand per Mail oder Telefon Zugriff auf meine Zeit, meinen Kopf, meinen Terminkalender reklamieren kann. Auch deshalb ist es sonntags viel stiller als sonst. Die Geräusche, die der Stadtteil um mich herum macht, sind Sonntagsgeräusche: Kinderlachen, Geschirrklirren aus der Nachbarwohnung, Fahrradklingeln von der Straße. Später setze ich mich vielleicht noch auf den Balkon, um die Sonntagszeitung zu lesen. Telefoniere mit Freundinnen, denen ich unter der Woche bloß Textnachrichten schicke. Manchmal trinken wir mit den Nachbarn noch einen Wein oder gehen in eine frühe Kinovorstellung. Auch wenn ich Seefahrten hasse (ein kleines Trauma, bedingt durch einen Sturm im Golf von Thailand) und sogar allein vom Schreibtisch aus ist Sonntag für mich immer noch und vor allem der Tag, an dem »mein Liebster mit mir segeln geht«, an dem – frei nach Erich Kästner – selbst die Zeit Zeit hat. Und auch wenn er sich irgendwann doch bedenklich dem Montag und dem Anfang der Arbeitswoche zuneigt, steckt in ihm auch diese unschätzbare und so enorm tröstliche Gewissheit, dass auch wieder bessere Zeiten kommen werden: der nächste Sonntag.

Was ich am Sonntag außerdem so mag: dass er der vielleicht letzte große Demokrat ist. Denn er beschert allen ohne Ansehen der Person Zeitwohlstand. Für viele – auch das muss mal gesagt werden – der vielleicht einzige Reichtum überhaupt. Klar macht der Sonntag auch viel Stress. Gerade weil er die so ungewohnte Ruhe im Angebot hat. Schwer, da all die unbequemen Fragen zu überhören, die er uns stellt: Arbeite ich, um auszuruhen, oder ruhe ich mich aus, um zu arbeiten? Ist der Sonntag langweilig oder bin ich es? Kann ich am Ende nicht nichts mit dem Sonntag anfangen, sondern nichts mit mir? Das muss man aushalten können. Und nicht nur das. Zu den Sonntagszumutungen zählt ja außerdem, dass wir an diesem Tag unseren Nächsten und uns selbst einmal nicht aus dem Weg gehen können. Mittlerweile trainieren wir ja vor allem nur noch sonntags an Esstischen und beim Frühstück, beim Kaffeeklatsch mit Großtante Ursula und beim Familienausflug und dem Brunch mit Freunden fürs Lebenshauptfach »Beziehungen« und nebenbei auch unsere Frustrationstoleranz. Damit Paare in Zukunft auch dann zusammenbleiben, wenn die Liebe gerade mal wieder ein Formtief hat. Damit weiterhin Kinder geboren werden, obwohl sie einem – sind wir mal ehrlich – nicht gerade jeden Tag vierundzwanzig Stunden am Stück die reine Freude sind. Damit wir auch dann besucht werden, wenn wir alt sind, krank und nichts weiter zu »bieten« haben als Freude über das Bekümmertwerden. Damit jemand die Katze füttert, wenn wir im Urlaub sind, und bei der betagten Nachbarin klingelt, wenn es in ihrer Wohnung so alarmierend gerumst hat. Der Sonntag erinnert uns daran, dass es anderes und andere gibt. Und er ist der letzte wahre Superheld. Denn er bietet tapfer und zunehmend allein der so populären und im wahrsten Sinne des Wortes asozialen »Einen-Scheiß-muss-ich-Haltung« die Stirn. Selbstverständlich müssen wir »einen Scheiß«, und zwar mit anderen auskommen, damit sie auch mit uns auskommen, zusammenleben, Kompromisse schließen, Verzicht üben, füreinander da sein. Vor allem am Sonntag. Er setzt die Puzzleteile, die die Werktage auseinandergebracht haben, Woche für Woche wieder zusammen: Familie und Freunde, Freiheit und Verbindlichkeit, soziale Verantwortung und emotionale Kür. Auch deshalb brauchen wir nicht weniger, sondern mehr von dem, was den Sonntag ausmacht. Am besten auch am Montag, Dienstag, Mittwoch, Donnerstag, Freitag und Samstag. Mehr Kaffee ans Bett, mehr Ruhe, Großmut, Freiheit, Selbstbestimmung, Aber man kommt ja immer zu nichts. Außer am Sonntag. Zum Glück.

Dank!

Ja, man muss sich für den Sonntag bedanken. Ob Gott die richtige Adresse dafür ist, darüber lässt sich streiten. In meinem Fall wäre da ganz sicher mein Mann zu nennen, der mich nicht nur mit dem sonntäglichen Kaffee ans Bett, sondern auch mit einer ihm sonst eher artfremden Geduld und einem für ihn sicher sehr harten Verzicht auf Sonntagsspaziergänge und Museumsbesuche unterstützt hat. Ein großes Merci geht aus ganz ähnlichen Gründen an meinen Vater und natürlich an Susanne, die sowieso Beste, an meine Schwester Patrizia und an meine Freundinnen dafür, dass sie immer da sind, wenn man auch mal unter der Woche einen Sonntag braucht. Nicht zu vergessen meine Lektorinnen: Anna Frahm und Catharina Stohldreier: Danke für die so großartige Zusammenarbeit, Ihre Freundlichkeit und Ihre beeindruckende Kompetenz! Und weil man ja nie sicher sein kann, ob nicht im Jenseits auch gelesen wird: Dank auch an meine Mutter und Schwiegermutter, die – wie eigentlich die meisten mir bekannten Frauen – all das, was den Sonntag wunderbar und groß und unverzichtbar macht, so unverdrossen und auf ewig in die DNA ihrer Kinder und Kindeskinder einspeisen.

Quellen

Verwendete und weiterführende Literatur

Dahm, K. W.; Mattner, A.; Rinderspacher, J. P.; Stober, R. (Hg.): *Sonntags nie? Die Zukunft des Wochenendes*, Campus Verlag, 1989

Die Bibel, Lutherübersetzung, Deutsche Bibelgesellschaft, 2016

Die Tora, nach der Übersetzung von Moses Mendelssohn, JUFG, 2015

Ferenczi, Sándor: *Schriften zur Psychoanalyse*, Psychosozial-Verlag, 2004

Frankl, Viktor E.: *Psychotherapie für den Alltag*, Kreuz Verlag, 2015

Fürstenberg, Friedrich; Herrmann-Stojanov, Irmgard; Geißler, Karlheinz A.: *Lob der Pause. Von der Vielfalt der Zeiten und der Poesie des Augenblicks*, oekom, 2012

Gonzáles, Justo L.: *Eine kurze Geschichte des Sonntags. Vom Urchristentum bis heute*, Claudius Verlag, 2017

Harline, Craig: *Sunday. A History of the First Day from Babylonia to the Super Bowl*, Yale University Press, 2011

König, Johann-Günther: *Zu Fuß. Eine Geschichte des Gehens*, Reclam, 2013

Metternich, Monika, Gräfin: *Lob des Sonntags. Weihrauch, Toast und Honey*, Pattloch, 2009

Metz, Heinz; Rübeling, Heinz: *Die Schwälmer Tracht,* Verlag Dirk Ordemann, 1988

Müllender, Bernd; Nöllenheidt, Achim (Hg.): *Am Fuß der blauen Berge,* WAZ Mediengruppe, 2007

Rinderspacher, Jürgen P. (Hg.): *Der Samstag. Über Entstehung und Wandel einer modernen Zeitinstitution,* Hans Böckler Stiftung/edition sigma, 1999

Schmidt-Lauber, Brigitta: *Gemütlichkeit – eine kulturwissenschaftliche Annäherung,* Campus Verlag, 2003

Sichtermann, Kai: *Kultsongs & Evergreens. 55 Hits und ihre Geschichte,* Fuego, 2013

Weiler, Rudolf: *Der Tag des Herrn – Kulturgeschichte des Sonntags,* Böhlau, 1998

Zitierte Studien

Eine amerikanische Studie warnte kürzlich ... – Dr. Tina Hoang vom Northern California Institute for Research and Education hatte auf dem internationalen Alzheimerkongress in Chicago darauf hingewiesen; siehe: Ärztezeitung online vom 08.08.2018

Sie werden laut einer Studie der Bild am Sonntag ... – *Sonntag. Der entscheidende Tag. Neue Erkenntnisse der Sonntagsanalyse,* https://www.mediaimpact.de/data/2018/08/161202_BamS_Neu_Sonntagstudie_21x21_v2.pdf

Wie die eine Milliarde Kleidungsstücke, die laut der Greenpeace-Studie ... – Wegwerfware Kleidung, https://www.greenpeace.de/sites/www.greenpeace.de/files/publications/20151123_greenpeace_modekonsum_flyer.pdf

Auch er kam im Rahmen seiner Pilotstudie zu dem Ergebnis ... – Vingerhoets, Ad; van Huijgevoort, M.; van Heck, G. L.: *Leisure Sickness*, https://pure.uvt.nl/ws/portalfiles/portal/483514/leisnew.*PDF*

Laut einer amerikanischen Studie leiden vor allem ... – Harvard Business Manager, Mai 2014

Studien zeigen, dass Familien ... – Unter anderem Professorin Barbara Fiese, University of Illinois, https://hdfs.illinois.edu/directory/bhfiese

Laut einer Studie wünschen sich die meisten ... – Brian Wansink, Kevin Kniffin und Mitsuru Shimizu: *Death row nutrition. Curious conclusions of last meals,* https://www.sciencedirect.com/science/article/pii/S0195666312002796?via%3Dihub

Das zeigt auch eine Studie aus Vermont ... – Christopher M. Danforth, Peter Sheridan Dodds: *Measuring the Happiness of Large-Scale Written Expression,* http://www.uvm.edu/pdodds/research/papers/others/2009/dodds2009b.pdf

Textnachweis

S. 81 & 184 Albert Schweitzer, aus: Albert Schweitzer,
Gesammelte Werke in fünf Bänden, Hrsg. von Rudolf
Grabs, © C. H. Beck 1974

Wir haben uns bemüht, sämtliche Rechteinhaber aus-
findig zu machen. Sollte es uns in Einzelfällen nicht
gelungen sein, werden wir sie selbstverständlich gerne
bei Folgeauflagen berücksichtigen.